LES
MYSTÈRES
DE LONDRES

PAR

SIR FRANCIS TROLOPP.

III

PARIS,
AU COMPTOIR DES IMPRIMEURS-UNIS,
QUAI MALAQUAIS, 15.

1844

LES
MYSTÈRES
DE LONDRES.

Ce roman ne pourra être reproduit qu'avec l'autorisation de l'éditeur.

Paris. — Imprimerie de BOULÉ et C°, rue Coq-Héron, 3.

LES
MYSTÈRES
DE
LONDRES

PAR

SIR FRANCIS TROLOPP.

III

PARIS,
AU COMPTOIR DES IMPRIMEURS-UNIS,
QUAI MALAQUAIS, 15.

1844

PREMIÈRE PARTIE.

LES GENTILSHOMMES DE LA NUIT.

PREMIÈRE PARTIE.

LES GENTILSHOMMES DE LA NUIT.

XXI

LA LOGE NOIRE.

Snail fit les choses en conscience. Il dépensa ses cinq guinées chez un fripier de Long-Acre, et en sortit costumé en gentleman des pieds à la tête. Rien n'y manquait : ni les escarpins vernis, ni les bas de soie, ni les gants blancs.

Avant d'entrer au théâtre, il retourna dans Before-Lane et cacha ses habits, dont il avait fait un paquet, dans l'enfoncement même où avait eu lieu son entrevue avec le bon capitaine Paddy O'Chrane. A l'occasion, il eut grand désir de se montrer dans toute sa splendeur nouvelle aux habitués ébahis de *The Pipe and Pot*, dont les fenêtres rayonnaient une rouge et sombre lueur à cinquante pas de là ; mais il sut résister à la tentation et prit sa course dans la direction de Covent-Garden.

C'était vers la fin du deuxième acte du *Freyschutz*. Il n'y avait au foyer qu'une demi-douzaine de ces habitués ultra-blasés qui ne font guère apparition dans la salle que durant l'entr'acte et s'enfuient dès que le rideau se lève. Les dames de vertu douteuse, qui font foule en ce lieu durant les entr'actes, avaient été porter ailleurs leurs provoquans sourires et le laisser-aller exagéré de leurs toilettes. — Snail se mit à faire les cent pas de long en large, renflant de son mieux sa maigre poitrine, cambrant ses reins en mâchant un cure-dents de plume qu'il avait acheté pour compléter sa tenue de gentleman.

Il regardait sous le nez de tous ceux qu'il croisait en marchant, toussait, crachait, se mouchait, — le tout en vain. Personne ne prenait garde à lui.

Il avait pourtant arboré sur sa poitrine un

large nœud de satin jaune qui ne ressemblait à aucune décoration connue.

S'était-on moqué de lui? — Snail commençait à le craindre. Il regrettait amèrement les bancs boiteux de *La Pipe et le Pot*, le menton barbu de la jolie Madge et même le stupide regard de Mich, son beau-frère.

Il s'ennuyait. — Pas moyen même de miauler pour passer le temps!

En désespoir de cause, il s'approcha du comptoir et demanda un verre d'ale. — On lui servit une glace.

Snail n'avait jamais mangé, — ou bu, — de glace. Nous pensons que son mécontentement se serait exprimé d'une façon éminemment désagréable pour la nymphe du foyer, si un monsieur ne fût venu faire diversion à sa colère.

Ce monsieur lui mit le doigt sur la poitrine, à l'endroit où miroitait le fameux nœud de satin jaune.

— Suivez-moi, dit-il à voix basse.

— Comment, suivez-moi! répliqua Snail en redressant fièrement sa courte taille ; — du diable si vous n'êtes pas un plaisant original, vous !

Le monsieur fronça le sourcil, mais Snail ne s'effrayait pas pour si peu.

— Suivez-moi !... répéta-t-il encore ; — je ne suis que les gens que je connais, voyez-vous, et je ne vous connais ni d'Ève ni d'Adam, de par l'enfer ! comme dit mon brave ami, le capitaine O'Chrane.

Le nouveau venu le regarda un instant en souriant.

— Voilà un déterminé petit drôle, murmura-t-il.

Puis, prenant sa main tout-à-coup, il fit une croix avec son index sur la paume, et ajouta :

— *Gentleman of the night!*

— A la bonne heure ! dit Snail avec importance ; — vous parlez maintenant comme il convient... Mais vous sentez, milord, que, chargé comme je le suis d'une mission de haute confiance, je ne puis écouter le premier étourneau venu qui me dira : — Suivez-moi !

— C'est juste... Comment vous appelle-t-on ?

— Snail, milord... Et vous ?

— Moi ?... mon nom importe peu, mon jeune ami Snail, et le temps presse... Venez avec moi.

Tous deux quittèrent le foyer au moment où la foule sortait par toutes les issues de la salle après le tomber du rideau. Ils parvinrent à grand'peine à se frayer un passage dans les couloirs soudainement remplis, et s'arrêtèrent à deux pas de la loge où se tenaient la comtesse Ophelia et madame la princesse de Longueville.

Le monsieur frappa trois doubles coups à la porte de la loge voisine. La porte s'ouvrit, et Snail, subitement poussé par les épaules, se trouva tout-à-coup dans une complète obscurité.

L'endroit où il se trouvait était évidemment une loge, fermée par un écran, mais si bien, si hermétiquement fermée, que nul rayon des mille jets de gaz épandus partout dans la salle voisine et resplendissante n'y pouvait pénétrer.

Un profond silence régna pendant une minute. Snail entendait seulement le bruit de plusieurs respirations contenues. — Il eut un frisson de peur.

— Je te sens trembler, enfant de *la famille*, dit une voix sourde et déguisée. — Si tu es un poltron, va-t'en !

— Dieu me damne, milord, répondit Snail, je suis un homme !... Seulement, j'aime assez à voir clair devant moi... Que faut-il faire, en définitive ?

— Il faut se taire.

Snail, au même instant, se sentit prendre par le bras. On l'attira sur le devant de la loge. Une main toucha l'écran, au milieu duquel apparut aussitôt un point lumineux...

— Mets ton œil à ce trou, lui dit-on.

Snail obéit. Sa vue, habituée déjà à l'obscurité de la loge, fut éblouie par les flots de la lumière qui tombaient du lustre et montaient de la rampe. L'homme qui avait parlé sembla comprendre cela et attendit quelques secondes avant de reprendre la parole.

— Regarde en face de toi ; dans la première loge, sur le théâtre, dit-il ensuite. — Que vois-tu ?

— Je vois une lady, pardieu, avec une robe de satin et des clinquans qui brillent partout sur elle.

— Vois-tu la main de cette lady?

— J'en vois une.

— Laquelle?

— Attendez que je m'oriente, milord... Sa main droite... Non! sa main gauche qui est appuyée sur le rebord de la loge... Ah! par saint Georges, les belles bagues! et que ma jolie Madge serait contente d'en avoir deux ou trois comme cela!

— Tais-toi... Nous disons que c'est bien la main gauche... Au doigt annulaire de cette main, tu dois voir une bague qui brille plus que les autres...

— Je crois bien, milord, je crois bien... On dirait un petit morceau de soleil!

— Ote-toi de là.

Le trou fut rebouché. Snail se retrouva dans une nuit profonde.

— La main gauche et le doigt annulaire, lui répéta-t-on en lui serrant fortement le bras. Tu te souviendras bien ?

— Oui, milord.

— Maintenant, approche ici.

On le poussa vers le côté droit de la loge. L'écran fut imperceptiblement soulevé et un rayon vif illumina la loge ; mais deux mains avaient saisi la tête de Snail qui ne put se retourner pour voir quels étaient ses compagnons.

— Regarde ! lui dit-on encore, mais cette fois, bien bas ; — que vois-tu ?

— Je vois les épaules d'une femme... Que Satan me brûle, milord, si ce ne sont les plus belles épaules...

— Tais-toi !... Tu ne peux voir son visage ?

— Non, milord.

— Attends.

On continua de tenir la tête de Snail immobile jusqu'à ce qu'il eût dit :

— Je la vois, milord ; je vois sa figure..... Eh ! mais... j'ai vu cela déjà quelque part...

— Silence !

L'écran toucha de nouveau la cloison de la loge. L'obscurité redevint complète. On lâcha la tête de Snail qui se secoua comme un barbet.

— Où diable ai-je vu cette belle lady... se demanda-t-il. Puis, tout-à-coup frappé d'un souvenir, il ajouta :

— Niais que je suis !... C'est qu'elle ressemble à Susannah, la fille des *Armes de la Couronne*... Il faudra que je la montre au capitaine pour le faire rire.

— Tu vas sortir, dit à ce moment la voix. Tourne-toi vers la porte et ne regarde pas derrière toi.

La porte s'ouvrit ; on poussa Snail dehors comme on l'avait poussé dedans. Lors même qu'il aurait eu l'intention de désobéir à l'ordre que contenaient les dernières paroles de la voix mystérieuse, il ne l'aurait pas pu, car la porte se referma vivement derrière lui.

Il se retrouva dans le couloir, à côté de l'homme qui l'avait accosté dans le foyer. Le grand jour lui rendit toute sa fanfaronne hardiesse.

— Eh bien ! milord, dit-il, je suis le serviteur très humble de Leurs Seigneuries et de la vôtre ; mais voilà une étrange façon de passer son temps ! Ces honnêtes gentlemen qui sont là-dedans n'auraient qu'à descendre dans la cave de leurs maisons sans prendre la peine de venir au spectacle... Ils en verraient, ma foi, tout autant... Quant à moi, je suis bien satisfait de leurs manières, et j'aurais voulu voir un peu leur mine.

— Paix, enfant, paix !

— Milord, je suis un homme... Ma femme Madge et Mich sont là pour le dire... Un seul mot, s'il vous plaît : Son Honneur était-il dans cette loge du diable ?

— Qui appelez-vous Son Honneur ?

— Le patron de Finch-Lane, pardieu !... celui qui paie... M. Edward.

— Il n'est pas là.

— Ah ! fit Snail ; — alors j'ai moins regret de n'avoir pas eu un bout de chandelle... C'est Son Honneur que je voudrais voir face à face.

— Quelques uns l'ont vu malgré lui, jeune homme, dit le monsieur du foyer d'une voix grave et lente ; — mais ceux-là seront discrets...

— On leur a fermé la bouche ?...

Le monsieur fit un signe affirmatif.

— Avec des guinées, reprit Snail.

Le monsieur tira de son sein un petit poignard à lame évidée, adorablement travaillé.

— Non... pas avec des guinées, dit-il.

Snail devint silencieux et suivit d'un regard craintif la main du gentleman qui glissait le petit poignard sous les revers de satin de son gilet.

— Et maintenant, reprit celui-ci, te souviens-tu bien de ce que tu as vu ?

— Parfaitement, milord. — En face une lady, une main et une bague ; — de ce côté, une autre lady et ses épaules... de belles épaules, milord !

— Écoute !

L'inconnu le prit par la main et lui parla pendant dix minutes environ, répétant plusieurs fois les mêmes phrases, faisant, en un mot, comme ces maîtres d'école qui tâchent de mettre dans la dure tête d'un enfant une leçon difficile.

— Bien, milord, bien ! s'écria enfin Snail avec impatience ; — si vous me le répétez une fois de plus, que diable ! je n'y comprendrai plus rien... C'est convenu, compris, connu... Travaillons !

— Prends garde ! interrompit le monsieur qui n'avait peut-être pas en Snail une aussi grande confiance que Snail lui-même ; — il ne s'agit pas d'une bagatelle.

— Quand il s'agirait de cinq cents livres, et une méchante bague ne peut valoir cela, je serais sûr de moi, milord.

— Surtout retiens bien ceci : quand tu sortiras de cette loge (il montrait celle de la comtesse Ophelia), tu prendras cette petite porte au bout du corridor. L'escalier qui est derrière te conduira dans les coulisses; j'y serai : c'est moi qui te montrerai le chemin de la rue.

Snail et son compagnon firent le tour de la salle par le couloir de service et se dirigèrent vers le côté occupé par lady Jane.

Un homme qui sortit sans bruit de la loge mystérieuse les suivit à une vingtaine de pas de distance.

Cet homme était Tyrrel l'Aveugle.

Il laissait après lui dans la loge quatre gentlemen qui, l'œil appliqué à quatre trous pratiqués à l'écran et pareils à celui qui avait servi de lunette à Snail, regardaient avidement la loge de S. A. R. le duc d'York.

De l'autre côté du théâtre, on ne pouvait nullement se douter de ce manége. L'écran ne paraissait que bien peu, et seulement à l'endroit où se croisaient les rideaux de la loge. Néanmoins, cette loge hermétiquement fermée avait excité un instant les soupçons du commissaire chargé de la police du théâtre. Il donna mission à un agent de surveiller cette loge. L'agent, suivant l'immuable coutume de ses pareils, écouta, entendit et s'abstint.

C'était à peu près le moment où Brian de Lancester excitait l'attention de la salle entière.

Quelques minutes après, comme nous l'avons dit, l'entrée à demi-prix eut lieu. Snail et son compagnon étaient alors à droite de la scène, derrière la loge où se tenait seule lady Jane.

— Attention! dit tout bas le guide de Snail.

Puis, presque aussitôt, à l'instant même où le tumulte atteignait son comble, il ajouta :

— En besogne!

Et il disparut.

Tyrrel l'Aveugle prit sa place.

Snail frappa résolument à la porte de la loge du duc d'York. Il tenait à la main un papier.

— Milady, dit-il en saluant respectueusement, milord-duc m'envoie vers Votre Seigneurie, et me charge de lui remettre ce message.

Il tendit la lettre. Lady Jane avança la main pour la prendre. Mais, à l'instant où ses doigts rencontraient le papier, Snail les saisit violemment, et, avec un sang-froid inouï, fit effort pour arracher la bague qui entourait le doigt annulaire.

Il avait bien vu, il avait bien écouté ; il ne se trompa point.

Lady Jane terrifiée par cette attaque étrange, ne put d'abord trouver de voix pour pousser un cri. Lorsque son gosier donna enfin passage à une plainte, Snail, vainqueur, repassait le seuil de sa loge et s'esquivait avec la bague.

Lady Jane éperdue, s'élança à sa poursuite, mais, sur le seuil même, elle se heurta contre Tyrrel l'Aveugle, ou mieux contre l'infortuné sir Edmund Makensie.

— Laissez-moi passer, monsieur! s'écria-t-elle!... Au voleur!...

Le pauvre aveugle fit en vérité de son mieux pour livrer passage, mais la fatalité s'en mêla. Il arriva entre lady Jane et lui comme entre ces passans trop courtois qui, se rencontrant sur le trottoir, se rangent tous deux en même temps d'un côté, puis encore ensemble de l'autre, et ainsi de suite, de façon à se barrer la route durant une demi-heure. Chaque fois que lady B... se précipitait à droite, sir Edmund l'imitait ; chaque fois qu'elle se jetait à gauche elle trouvait cet homme vraiment digne de pitié sur son passage.

— Elle n'est pas à moi, criait-elle en haletant comme une folle ; — Son Altesse royale me l'a prêtée... confiée !... C'est un diamant de la couronne, mon Dieu !... un diamant qui vaut vingt mille livres !... Arrêtez-le !... Au secours !

Enfin, trouvant de la vigueur dans son désespoir, elle saisit les deux bras de sir Edmund Mackensie qu'elle attira violemment au dedans de la loge. Puis elle s'élança, éperdue, par les corridors.

Sir Edmund, qui n'avait rien vu, rien compris, le pauvre homme, mit la main sur l'appui de la loge et jeta dans la salle son œil sans regards. — Sa prunelle voilée se dirigea, par hasard sans doute, vers la loge fermée, et il fit un imperceptible signe de tête. L'écran se baissa à demi.

Snail, cependant, profitant de son avance, avait fait tranquillement le tour de la salle et parcouru une seconde fois le couloir de service; nul ne songeait encore à le poursuivre.

Il entra dans la loge de la comtesse Ophelia, qui était ouverte. La comtesse, penchée hors de sa loge, tâchait de voir ce qui se passait vis-à-vis d'elle et d'où venaient les cris de lady Jane B...

Susannah, au contraire, regardait, pensive, la place que venait de quitter Brian, au fond de la salle, sous la loge du comte de White-Manor.

Snail toucha du doigt par derrière la peau satinée de son épaule et prononça tout bas :

— *Gentlewoman of the night!*

La belle fille se retourna en sursaut.

— Pardon, Votre Grâce, dit Snail en souriant; — mettez ceci dans votre sein. C'est un dépôt confié par Leurs Seigneuries.

Susannah prit ce que lui tendait Snail, et celui-ci disparut aussitôt par la petite porte du fond qui mène sur la scène.

Susannah mit l'objet qu'on venait de lui confier, et qui était entouré de papier, dans son sein.

Ce fut alors que lady Jane B... parvenant enfin à franchir l'obstacle que lui opposait l'aveugle Tyrrel, s'élança dans le couloir. Tout fut bientôt en émoi dans la salle. Il s'agissait d'un diamant de la couronne, disait-on, imprudemment confié à lady Jane, d'un joyau valant un demi-million.

Ce qu'il y avait de police au dedans et au dehors s'agita. On chercha; on mit la main provisoirement sur une foule de bonnes gens portant la robe d'innocence.

Puis une inspiration subite vint au commissaire. Il se toucha le front et dit :

— J'ai notre affaire !

La pauvre lady Jane prit un peu d'espoir.

Le commissaire, allongeant le pas, se dirigea, suivi d'un bataillon de policemen, vers la loge mystérieuse où Snail avait reçu ses instructions. Il rangea les agens, moitié à droite, moitié à gauche.

— Ce sont des gens résolus, dit-il ; tenez ferme !... Êtes-vous prêts ?

— Oui, monsieur, répondirent les agens, qui serrèrent leurs rangs de façon à ne pas laisser passer entre eux une souris.

— Attention!!! dit encore le commissaire.

En même temps il ouvrit la loge.

Personne ne sortit.

Les agens tenaient en arrêt leurs baguettes plombées, tout prêts à assommer le premier qui se présenterait.

Personne ne se présenta.

Mais la loge, malgré l'ouverture de la porte, gardait une obscurité assez grande pour qu'il pût s'y cacher quelqu'un. Le commissaire qui était, — par hasard, — un homme de courage, entra et fit jouer l'écran dans sa coulisse.

Des flots de clarté inondèrent la loge : elle était vide.

XXII

LE BALLET.

L'émotion passa des places fashionables aux galeries et loges supérieures. Chacun s'entretenait de lady Jane B..., de S. A. R. et du diamant de la couronne.

— Voilà ce que c'est, dit mistress Crubb à mistress Foote, que de se déganter pour montrer ses bijoux.

— L'orgueil est un grand péché! ajouta mistress Black, en faisant mine de rattacher son agrafe de cornaline, qui n'en avait pas besoin.

— Hélas! mesdames et voisines, soupira mistress Crosscairn; — la vanité a perdu bien des ladies.

L'entretien continua sur ce ton amusant et instructif entre ces dignes commerçantes. Plus d'un passage de la Bible fut cité par mistress Dodde, qui était presbytérienne, rétorqué par mistress Brown, qui était méthodiste, commenté par mistress Bull, qui était épiscopale, et paraphrasé par mistress Bloomberry, qui était dissidente.

— Vingt mille livres ! disait pendant cela la grosse Dorothy Burnett ; — oh ! monsieur O'Chrane, vingt mille livres !...

— Ni plus ni moins, Dorothy, mon cœur, à ce qu'il paraît, le diable m'emporte !... c'est une jolie affaire.

— Une jolie affaire, monsieur !... C'est un vol qui mérite la corde, à coup sûr !

— Que Dieu me damne, Dorothy, la corde, comme vous dites !... oui, la corde, mon cœur, de par l'enfer !

— C'est le jour des vols, s'écria le petit Français Lantures-Luces, en faisant irruption dans la loge de lady Campbell. — Voulez-vous me permettre, milady... miss, voulez-vous me permettre?... On ne pourrait trouver, je parle très sérieusement, dans tout Londres, un plus ravissant éventail.

— Et a-t-on rejoint le voleur? vicomte, demanda lady Campbell.

— Le voleur? madame... Je vous prie, parlez-vous de mon voleur ou de celui de lady Jane, de mon lorgnon ou de sa bague?

— Eh! vicomte, on dit que le diamant valait vingt mille livres!

— Madame, S. A. R. est riche, et je ne suis qu'un pauvre gentilhomme... mon lorgnon m'avait coûté deux guinées, à Paris, rue Richelieu, — Richelieu's-Street, — madame !... Mais ceci n'est pas la plus triste nouvelle de la journée, je parle sérieusement, et j'en sais une qui vous intéresse davantage... Ah ! voilà ce cher marquis !... Je ne vous avais pas reconnu... Comment allez-vous, très cher, je vous prie ?

— Vous m'inquiétez, monsieur, dit lady Campbell ; de quelle nouvelle voulez-vous parler ?

— J'oubliais... mais vous la savez peut-être, puisque ce cher marquis... Non ?... eh bien ! j'aurai l'avantage de vous l'apprendre... Il s'agit de ce pauvre cher Frank... Frank Perceval, madame.

Depuis le commencement du spectacle, disons mieux, depuis le bal de la veille, miss Mary Trevor était plongée dans une sorte d'engourdissement moral qui la rendait insensible. Elle avait gardé durant toute la soirée un silence morne, et la présence de Rio-Santo avait été cette fois impuissante à galvaniser son apathie.

Lady Campbell la croyait malade et l'accablait de petits soins auxquels miss Trevor ne prenait point garde.

Un observateur au fait de ce qui se passait depuis quelques mois à Trevor-House n'eût point été du même avis que lady Campbell. Il eût deviné ce soir, sinon auparavant, qu'un poids trop lourd pesait sur le cœur de cette pauvre enfant, un poids qui devait finir par l'écraser s'il n'était à temps soulevé et rejeté loin d'elle. Il eût deviné qu'une souffrance occulte minait sourdement cette pâle fille, dont la molle volonté ne savait pas repousser le poison qu'on lui offrait comme un remède.

Et il en eût été touché profondément, car la douce beauté de miss Trevor appelait l'intérêt, en même temps que sa distinction exquise inspirait ce respect que tout Anglais garde à la véritable noblesse.

Or, le marquis de Rio-Santo était un observateur, et un observateur assurément non vulgaire ; en outre, il savait mieux que personne ce qui se passait à Trevor-House depuis quelques mois.

Aussi devinait-il tout ce que nous venons de dire ; et bien plus encore, il devinait la nature de cette souffrance cachée ; il la *savait*. — Il savait que le poids écrasant sous lequel gémissait le cœur de Mary, c'était l'incertitude, le doute, les ténèbres, incertitude apportée par autrui, doute factice, ténèbres laborieusement amassées autour d'elle.

Il savait que, livrée un jour à elle-même, un seul jour, elle se fût élancée là où l'appelait la vraie voix de son âme, cette voix qu'on avait étouffée, falsifiée, cette voix qui taisait maintenant le nom aimé pour prononcer de

force un autre nom appris dans les larmes ;
— mais il savait que ce jour ne viendrait pas,
ne pouvait pas venir; que lady Campbell
veillait, sentinelle attentive; que l'illusion,
mortelle qu'elle pût être, serait entretenue
soigneusement, sans relâche, sans pitié...

Parce que lady Campbell, arrivée au sommet de ce monceau de sophismes échafaudés
à prodigieuse dépense d'esprit, était désormais
invinciblement persuadée. — Ceci d'autant
mieux, que sa persuasion venait d'elle-même,
que c'était son esprit qui en avait imposé à
son cœur, et que, pour une cervelle parvenue
à ce point d'auto-sophistication (s'il est permis
d'employer un terme aussi effrayant), l'évidence n'est plus qu'un paradoxe.

Y a-t-il au monde, en effet, des gens plus rigoureusement convaincus que les charlatans de bonne foi?

Rio-Santo savait tout cela.

Aimait-il donc assez passionnément miss Trevor pour se faire le complice clairvoyant de la cruauté aveugle de lady Campbell ? Son amour était-il de ceux qui renversent toutes les barrières et mettent, pour franchir un obstacle, le pied sur toutes choses ?

Non. — Son amour était réel ; mais, comparé à l'autre sentiment qui était en lui, qui était lui tout entier et plus que lui, son amour descendait à un plan inférieur. C'était un sentiment secondaire, sacrifié, un prétexte peut-être.

Ce pourquoi il eût brisé toutes barrières ; ce pourquoi il eût posé le pied sur une chose sainte, — sur la tête d'un ami, — sur le cœur d'une amante, — afin de s'élancer mieux et plus loin; — ce n'était pas de l'amour.

C'était ce qu'il appelait son ambition, ce qu'un artiste eût appelé son idée, un conquérant sa politique. — C'était une pensée vaste, un désir immodéré, une passion raisonnée. — C'était la contemplation d'un but, aperçu d'abord autrefois comme une lueur lointaine, et qui, à mesure qu'il avait monté dans la vie, avait grandi, grandi jusqu'à se faire soleil, jusqu'à brûler son imagination qu'il emplissait de rayons trop ardens.

Entre lui et le but, Mary était un degré.

Mais que le lecteur n'aille point se méprendre et jauger Rio-Santo à la mesure de ces bourgeois lovelaces qui se font de l'amour un hameçon pour pêcher la fortune; qu'il ne le compare pas même à ces don Juans diplomatiques qui *arrivent par les femmes,* comme on dit pour exprimer par des mots acceptables une ignominieuse idée. Rio-Santo n'était ni l'un ni l'autre, parce que sa passion dominante était pure de tout intérêt personnel.

Faut-il le dire d'ailleurs? eût-il eu le même but, il aurait encore été autre. Sa nature, qui semblait jetée dans un moule plus large que celui de son entourage, comportait une somme de sentimens plus considérable. Chez les autres hommes, tout ce qui n'est pas l'amour détruit ou combat l'amour ; chez lui, point d'exclusion ; deux passions de nature communément contraire existaient contemporainement et d'accord, occupant sa tête et son cœur, prenant chacune sa part sur sa vie et suivant leur cours sans que la plus puissante éteignît la plus faible.

Ceux qui l'ont connu, ceux que l'explosion de sa pensée fit trembler, comme eût pu faire l'éruption d'un volcan au milieu des deux millions d'habitans de Londres, pourraient dire tout ce qu'il y avait en lui de jeunesse, de charme, d'amour franc, sincère, de volupté entraînante et sans arrière-pensée.

Il méditait et calculait autant qu'un premier ministre, agissait davantage et trouvait le temps de rêver comme un poète et d'aimer comme un fou.

Il aimait à tort, à travers; et comme si le hasard eût pris à tâche d'écarter toute ronce du sentier de sa vie, le remords d'amour était pour lui chose impossible. Son but lui sauvait le remords, non pas en voilant l'œil de sa conscience, mais en lui donnant une excuse pour chaque infidélité, en lui montrant chaque victime, lorsqu'elle appartenait à certaine catégorie, comme une dépouille opime, un trophée, une parcelle conquise du grand œuvre auquel il aspirait.

Ce n'était donc pas seulement l'amour qui le poussait vers miss Trevor. L'amour avait eu son moment, son jour; il l'avait adorée quelque soir au bal; il l'aurait possédée peut-être et vaincue comme il avait vaincu tant d'autres femmes, si une pensée plus sérieuse et haute ne se fût jetée à la traverse de sa fantaisie.

Il voulut faire de miss Trevor sa femme et il la respecta.

Et, s'il avait eu la force de mater ainsi son désir, si souverain d'ordinaire, qu'on juge s'il pouvait s'arrêter devant une irrésolution de jeune fille !

Peut-être espérait-il vaincre cette irrésolution, car il est impossible de penser qu'il n'eût point la conscience du puissant attrait exercé par lui sur les femmes ; — peut-être ne prenait-il point tant de souci.

Le but, il voyait le but : — il marchait.

Lorsque M. le vicomte de Lantures-Luces prononça, dans la loge de lady Campbell, le nom de Frank Perceval, le petit Français dut être étonné de l'effet produit. Rio-Santo tressaillit comme un lion au repos qui sentirait l'aiguillon d'une guêpe à travers l'épaisse égide de son cuir ; lady Campbell perdit son sourire et fronça le sourcil; miss Trevor releva soudainement sa jolie tête affaissée et tourna vers le vicomte un regard avidement interrogateur.

Lantures-Luces n'était guère habitué à un pareil succès. Il s'arrêta pour se faire désirer davantage.

— Eh bien, monsieur, dit miss Mary; — eh bien?

Rio-Santo quitta la place qu'il occupait derrière la jeune fille et se glissa auprès de Lantures-Luces.

— Je parle sérieusement, dit ce dernier; c'est une fâcheuse affaire.

— Au nom de Dieu, monsieur?... commença Mary, dont la détresse faisait pitié.

— Ne parlerez-vous pas? interrompit sèchement lady Campbell.

— Si fait, madame... Ce pauvre Frank s'est battu en duel.

— En duel! répéta Mary haletante.

— Et il a été blessé...

— Légèrement, monsieur, n'est-ce pas? interrompit encore lady Campbell avec un signe de tête qui demandait impérieusement une réponse affirmative.

— Je vous demande pardon, répondit Lan-

tures-Luces ; dangereusement ; madame...
fort dangereusement.

— Frank!... blessé!... murmura faiblement Mary, qui mit la main sur son front pâle et ferma les yeux.

— Quant au nom de son adversaire... reprit Lantures-Luces.

Il s'arrêta tout-à-coup : le marquis venait de lui serrer violemment le bras.

— Bien, très cher, je vous comprends, reprit-il ; — mais serrez moins fort... ma discrétion est connue, je pense !... et d'ailleurs, j'ignore le nom de celui qui a blessé le pauvre Frank.

Lady Campbell et Rio-Santo échangèrent un regard; d'un côté, ce fut une question; de l'autre, un aveu.

Miss Trevor laissa glisser sa main le long de son corps et rouvrit les yeux.

— N'a-t-on pas dit que Frank Perceval est blessé, murmura-t-elle, — blessé dangereusement, mon Dieu?

Lady Campbell voulut lui prendre la main, mais Mary chancela sur son fauteuil et tomba de côté, privée de connaissance.

Lantures-Luces se retira pour aller conter cet incident aux dandies de la loge infernale, et aussi pour voir de plus près et de plus bas la signora Briotta qui entrait en scène.

— Pauvre enfant, dit lady Campbell en mettant son flacon de sels sous les narines décolorées de sa nièce... Ah! milord, qu'avez-vous fait?

— Il m'avait insulté, madame, et il est mon rival!

— Rival malheureux, monsieur! car cet évanouissement prouve seulement que Mary se souvient du compagnon de sa jeunesse... Veuillez demander ma voiture, milord, voici Mary qui reprend ses sens.

— Un seul mot, madame! dit le marquis d'un ton suppliant; — aurais-je perdu vos bonnes grâces en faisant ce que tout gentleman eût fait à ma place?

— Je ne sais, milord... je ne sais... Et si la pauvre Mary ne vous aimait pas, je crois... La voilà qui revient, monsieur !

Rio-Santo baisa la main de lady Campbell et se dirigea d'un pas rapide vers l'entrée du théâtre.

— Il faut que demain tout soit fini! murmura-t-il; — cet événement doit hâter le dénouement, et à tout prix je serai le mari de miss Trévor.

— Pauvre Frank! répétait pendant cela lady Campbell; — il doit être bien malheureux!... Mais je tremble en pensant que cette blessure aurait pu atteindre le marquis...

Quel coup affreux c'eût été pour cette chère enfant !...

La signora Briotta récoltait un nombre incalculable de bouquets et de bravi. Les galeries supérieures, silencieuses ou à peu près pendant la pièce, menaçaient de s'abîmer maintenant sous les trépignemens de la multitude.

Nous jugeons à propos de taire au lecteur les réflexions diverses qu'échangèrent, au sujet du talent de cette célèbre danseuse, mistress Brown, mistress Black, mistress Crubb, mistress Dodd et mistress Bloomberry. Quant aux dires de mistress Bull, de mistress Foote et de mistress Crosscairn, nous croyons devoir les passer sous silence.

— De par l'enfer, Dorothy, ma chère dame, — que diable! — dit le capitaine, voici une sauterelle assez drôle, je pense!

— Soyez sûr, monsieur O'Chrane, qu'elle est attachée au plafond par un fil de fer.

— Le croyez-vous, mon amour?

— Je vois le fil, monsieur O'Chrane.... Tenez! chaque fois qu'elle saute... en montrant ce qu'elle devrait cacher, la Moabite!... le fil remue.

— Il remue, de par Dieu! mon cœur, ou le diable m'emporte! s'écria le capitaine;— je veux être damné s'il ne remue pas!

— Vous sentez, reprit mistress Burnett

avec suffisance; — que quand on est attaché au plafond comme une marionnette, il n'est pas bien malin de faire ainsi des sauts de brochet.

— Ma foi, Dorothy, que je sois pendu, vous avez raison, mon amour!

— Et dire qu'on fait payer cela quatre shellings! conclut logiquement la grosse tavernière de la Couronne, — et qu'il m'en coûte à moi une agrafe d'une livre!... J'ai connu bien des hommes qui, à votre place, m'auraient donné déjà une autre agrafe, monsieur O'Chrane... mais c'étaient des gens généreux et comme il faut.

Le capitaine reçut le choc sans broncher et répondit seulement :

— Je n'ai jamais douté, mon cœur, que vous n'ayiez connu bien des hommes. Dans le nombre, que Dieu me damne, et sans me compter, il a pu naturellement se trouver quelque gentleman...

Dans la loge *infernale*, le petit Français Lantures-Luces se démenait comme un possédé. Il jetait des couronnes, il jetait des bouquets, il criait brava, il criait *délicieux* (1), il criait *very well!*

Et, tout en travaillant ainsi, il trouvait encore moyen de parler immodérément.

Susannah et la comtesse de Derby se re-

---

(1) En français dans le texte.

trouvaient seules dans la loge de cette dernière. Les visites avaient pris fin. La comtesse, bonne et prévenante, parla de Brian, et Susannah écouta avec bonheur chacune de ses paroles. Quand lady Ophelia se tut, Susannah la remercia naïvement, livrant ainsi son secret et divulguant d'un mot son amour, comme si elle n'eût point su que, dans le monde, l'amour est chose qu'il faut cacher.

La comtesse lui prit la main en souriant.

— Je voudrais être votre amie, dit Susannah.

— Je suis la vôtre, madame, répondit Ophelia. —Quand vous serez heureuse comme ce soir, venez vers moi ; la vue de votre bonheur me consolera ; quand vous souffrirez, venez encore, venez surtout : on souffre moins lorsqu'on est deux à souffrir.

Susannah la regarda étonnée.

— Vous, si brillante, si belle, murmura-t-elle, — vous parlez de souffrir !

— Que Dieu vous préserve, madame, dit Ophelia en essayant de sourire encore, —vous qui êtes plus brillante et plus belle, —d'apprendre que, contre certaines souffrances, noblesse et beauté sont impuissantes à nous protéger.

Susannah pressa doucement la main de la comtesse entre les siennes.

— Je n'ai jamais aimé que vous et lui,

pensa-t-elle tout haut; celles qui ont une sœur sont heureuses...

Elle ne se séparèrent que sous le péristyle du théâtre, après le spectacle.

— La voiture de madame la princesse de Longueville ! cria un groom à brillante livrée.

Susannah avait presque oublié son noble nom. La comtesse lui dit adieu pour monter elle-même dans son équipage.

Susannah s'élança dans le sien. — A peine y était-elle, qu'une main d'homme ferma la portière.

— Princesse, dit en même temps la voix de Tyrrel l'Aveugle, qui était assis à côté d'elle, nous sommes loin d'hier soir et de la Tamise, n'est-ce pas?... Remettez-moi l'objet qu'on vous a confié.

Susannah tira de son sein, sans répondre, la bague, toujours enveloppée dans le papier où Snail l'avait mise, et la tendit à l'aveugle, qui la prit.

— C'est bien, dit-il. Demain vous aurez de la besogne, madame. Il vous faudra soigner un malade et mettre un baiser sur le front d'un homme qui n'est pas l'Honorable Brian... Mais c'est un Honorable aussi, et Perceval vaut Lancester...

XXIII

LA NUIT DE DEUX JEUNES FILLES.

Vers cette même heure, le comte de White-Manor rentrait à son hôtel.

Il descendit de son carrosse sans mot dire,

monta lentement les degrés de sa maison et s'enferma dans sa bibliothèque.

Il était plus pâle qu'un mort, et ses yeux avaient ce regard vague, indécis, étonné, des hommes que menace la démence.

Il tomba de son haut dans un fauteuil, jeta son chapeau et mit sa tête entre ses mains.

C'était quelque chose d'étrange et de saisissant, que l'émotion de cet homme si froid d'ordinaire, si bien cuirassé contre toutes atteintes, si complétement bardé dans sa panoplie d'égoïsme anglais et aristocratique. La détresse avait trouvé le défaut du haubert; elle s'était enfoncée, poignard délié, dentelé, empoisonné, jusqu'au fond du cœur où une impitoyable main la tournait et retournait sans relâche.

Le comte souffrait horriblement. Il souffrait d'autant plus que sa blessure était de celles qui, pour être trop petites et imperceptibles, échappent aux moyens ordinaires. Son ennemi, sorte de fantôme implacable, ne se pouvait point prendre corps à corps : ses coups, perfidement ménagés, n'appelaient ni la vengeance des lois ni les mépris du monde. Au contraire, chaque fois qu'il frappait, le monde souriait et applaudissait.

Le comte avait encore dans les oreilles le bourdonnement odieux des rires de la multitude. Il croyait voir l'outrageant sourire des hommes et l'effort plus outrageant qu'avaient fait les ladies pour garder leur sérieux. Ces éventails insolens derrière lesquels on s'était caché pour railler miroitaient devant ses yeux éblouis.

Et nul moyen de frapper à son tour, de rendre coups pour coups, blessures pour blessures!

Il était comme ce lion de la fable, emportant sous sa fourrure à l'épreuve le dard aigu d'une guêpe. Il se débattait, il rugissait, il se damnait.

Le comte de White-Manor était un homme de cinquante ans environ. Son visage offrait avec celui de son frère quelques traits éloignés de ressemblance, mais l'expression était tout autre. C'était de l'apathie chagrine, mêlée à ces colériques symptômes qui prennent corps et se burinent avec l'âge sur la figure de certains hommes à tempérament sanguin. La passion, une passion brutale et sans frein, avait dû brûler jadis dans ces yeux éteints maintenant. On devinait le vide, l'ennui, le dégoût qui suivent à coup sûr l'assouvissement monotone de tous désirs formés ; mais il y avait parmi cet ennui que beaucoup regardent comme un mal imaginaire, il y avait de la souffrance vraie : la rage combattait l'apathie, l'ennui s'effaçait sous la morsure de l'angoisse.

Il avait été long-temps un des viveurs les

plus dissolus de Londres. Dès 1825, O'Connel l'avait flétri de la qualification de *pourceau*, et jamais le grand tribun d'Irlande n'avait frappé mieux et plus juste. Le comte, en effet, n'avait du vice que le côté odieux, lourd, matériel. Ses séductions s'opéraient à prix d'or, par l'entremise de ces misérables dont le nom souille à la fois la plume qui l'écrit et l'œil qui l'épelle. Il se vautrait de sang-froid dans des orgies clandestines, presque solitaires, et n'avait pas même la banale excuse du plaisir, car il portait partout son ennui chronique, et faisait le mal même avec lassitude.

C'était, en un mot, la personnification haïssable et quelque peu outrée de notre aristocratie britannique, si magnifique par son passé, si puissante par ses richesses, — mais si honteusement inutile, à de nobles exceptions près, si dégradée par ses mœurs, si abâtardie par son égoïsme aveugle, et qui devrait craindre peut-être, il faut le dire en gémissant, de se heurter, quelque jour de pesante ivresse, contre le billot néfaste où périt jadis, innocente, résignée, chevaleresque, la vaillante noblesse de France, sous le tranchant de la hache populaire.

Un homme pareil devait être inaccessible au remords. Dieu le punit par le spleen qui est l'*atra cura* des bords de la Tamise, et son spleen fut incurable, parce que l'obsession qui le causait était réelle et non point imaginaire. — Il s'engourdit, sans espoir de guérir, sans force pour combattre, et réveillé seulement de temps à autre par l'atteinte poignante qui le touchait au vif.

Après avoir passé dix minutes dans un état d'immobilité complète, lord de White-Manor se leva brusquement. Sa face, naguère si pâle, était maintenant d'une rougeur d'apoplectique. Il sonna si violemment que le cordon, brisé, lui resta dans la main.

— Paterson!... Gilbert Paterson!... le coquin de Gilbert Paterson! dit-il au valet qui se présenta; — qu'il vienne ici... à l'instant!

— Il y a eu du Brian! pensa le groom, qui s'élança vers l'appartement de l'intendant.

Celui-ci avait justement le cœur léger et la conscience tranquille. Son après-dîner avait été employé comme il faut pour le bien de son maître. Il n'avait pas perdu de temps, s'était présenté chez mistress (1) Mac-Nab sous un prétexte, — les gens comme Gilbert Paterson ne manquent jamais de prétexte, — et avait vu Anna Mac-Farlane.

Il avait été ébloui de sa beauté.

C'était l'affaire de milord. Bob n'avait pas menti. Cette douce enfant, si charmante, si pure, si angélique, eût distrait Satan lui-

---

(1) En anglais, l'usage veut que le mot *mistress* soit indiqué par l'abréviation M^{rs}; mais comme, dans notre langue, cela pourrait signifier *messieurs*, nous continuerons à mettre mistress au long, afin d'éviter toute confusion.

même, à supposer que Satan ait le loisir de s'ennuyer comme un simple pair du royaume-uni de la Grande-Bretagne.

Paterson descendit donc avec empressement, et se présenta devant milord, le sourire aux lèvres.

Le comte était encore debout. Il avait la bouche ouverte, l'œil fixe et sa pâleur était revenue. Il laissa Paterson s'avancer jusqu'à lui.

L'intendant salua fort respectueusement, et ne prit point la peine, pour son malheur, d'examiner la physionomie de son maître, où il aurait lu, annoncé en lisibles caractères, l'orage qui le menaçait.

— Milord, commença-t-il, je suis bien aise...

Le malheureux n'acheva pas. Un coup de poing, — un coup de poing de lord! — l'atteignit au creux de l'estomac et l'envoya tomber à l'autre bout de la chambre.

Le comte avait pratiqué avec quelque succès autrefois le noble art du boxing. — Et il y paraissait encore.

Gilbert Paterson se releva suffoqué.

— Va-t'en! dit le comte; — c'est toi qui es cause de cela, misérable!... Qui t'avait permis, scélérat, de donner des coups de fouet au frère d'un comte?... Il se venge!... il se venge sur moi!

Le comte se laissa retomber sur son siége.

— Mais milord... voulut dire humblement Paterson.

— Tais-toi, de par le ciel, traître valet que tu es! s'écria lord de White-Manor; — Va-t'en... sur-le-champ! je ne veux pas que tu couches en ma maison... Demain, tu emporteras ce qui est à toi et ce que tu m'as volé... Jusqu'à la nuit, tu pourras rester ici... mais tu ne dormiras plus sous mon toit.

Le comte appuya sa tête alourdie sur sa main.

— Tu es cause qu'il me tuera! murmura-t-il d'une voix sourde; — car il me tuera!... Va-t'en!

Gilbert Paterson n'osa pas résister à cet ordre si péremptoire. Il prit à peine le temps de se couvrir d'un manteau et sortit précipitamment de l'hôtel.

Il faisait un froid brumeux et humide. Paterson allait au hasard par les rues, absorbé par le récent souvenir de son expulsion et ne pouvant point donner son attention à autre chose.

— Chassé! murmurait-il; — chassé au moment où je travaillais pour lui... Ah! milord, milord!... de manière ou d'autre, vous me le paierez! Chassé!... Mais croit-il donc qu'un homme d'affaires quitte ainsi une maison avec quelques misérables milliers de livres dans son portefeuile!... Il me fallait cinq ans

encore pour faire honorablement ma fortune..
Cinq ans; j'avais compté... que diable! C'est
cinq ans que vous me volez, milord comte!
cinq ans qui valent au plus bas dix mille livres!... Je ne puis, en conscience, vous faire
cadeau de cela!...

Il avait parcouru, sans savoir, une bonne
partie de West-End et marchait maintenant,
gesticulant et parlant tout seul, sur les larges
trottoirs de High-Holborn.

— Chassé! répétait-il; — et le diable ne
me fournira pas les moyens de rattraper ma
place! Voyons! du calme!... Nous avons passé
par des jours plus difficiles... Cherchons!

Il continua de marcher, mais en silence, le

long de Holborn, puis le long de Cheapside. Il entra enfin dans Cornhill. La course qu'il venait de fournir était longue. Sans raisonner et obéissant d'instinct à un impérieux besoin de repos, il s'assit sur une borne qui protégeait l'angle formé par la maison carrée sur Finch-Lane et Cornhill.

Là, il poursuivi ses réflexions.

De l'autre côté de Cornhill, en face de la boutique du bijoutier Falkstone, au second étage d'une petite maison neuve et blanche, on voyait briller une lumière à travers de diaphanes rideaux de mousseline. Cette maison était celle de mistress Mac-Nab, et la lumière brillait dans la chambre qui servait de retraite commune aux deux filles d'Angus Mac-Farlane.

Il était alors près de minuit. Clary dormait. Sa charmante tête s'appuyait sur son bras lisse et blanc que l'agitation d'un rêve avait mis, malgré le froid, hors des couvertures. Elle respirait par efforts inégaux, et parfois une plainte s'échappait de sa bouche entr'ouverte.

Anna était assise sur son séant. Sa toilette de nuit était faite depuis bien long-temps. Elle avait relevé ses cheveux, noué sa cornette et mis sur ses pures épaules le peignoir blanc, dont la percale festonnée laissait deviner vaguement la juvénile délicatesse de ses formes.

Et pourtant, elle n'avait point soufflé encore sa bougie pour allumer sa lampe de nuit. Elle n'avait pas cherché un refuge contre le froid piquant du soir sous le moëlleux abri de ses couvertures. Ses yeux brillaient et n'avaient nuls symptômes de sommeil, bien que, d'ordinaire, à cette heure, elle fût endormie depuis long-temps.

Elle veillait et semblait attendre, inquiète, la venue de quelqu'un. Son oreille se tendait avidement dès qu'un bruit se faisait dans la rue, et, de temps en temps, elle joignait ses petites mains, comme si elle eût prié avec ferveur.

C'est que, depuis le matin, Stephen Mac-Nab n'était point revenu à la maison de sa mère. On n'avait pas eu de ses nouvelles; il était minuit et Anna ne savait que croire.

Elle regardait de temps à autre sa sœur Clary, comme si elle eût envié son sommeil ou qu'elle eût voulu l'éveiller pour causer, pour faire deux parts de son inquiétude, pour ne pas garder seule sur le cœur le lourd poids qui l'écrasait.

Clary dormait toujours. En dormant, elle murmurait d'indistinctes paroles, et lorsque la blanche clarté de la bougie tombait sur son visage, on voyait des gouttelettes de sueur perler, puis se sécher sur la peau brûlante de son front.

— Pauvre sœur! pensait Anna; voilà bien

des nuits qu'elle souffre ainsi... Mais ne reviendra-t-il pas, mon Dieu! Mon Dieu, faites qu'il revienne!

Un coup sec et vivement redoublé retentit à la porte de la rue.

Anna sauta hors de son lit. La porte de l'escalier était d'avance ouverte. La jeune fille, tremblant de froid et honteuse de son empressement, se pencha sur la rampe pour entendre et pour voir.

Mistress Mac-Nab parut bientôt sur l'escalier. Elle aussi veillait : l'amour d'une mère ne s'endort pas plus que la tendresse d'une amante. Elle reçut Stephen au moment où une servante ouvrait la porte de la rue et l'accabla de caresses et de questions.

Stephen était bien triste. Anna ne put le voir qu'un instant, pendant qu'il montait la première volée de l'escalier ; mais ce fut assez. Elle fut à la fois rassurée et désolée, rassurée dans sa vague petite jalousie, désolée du chagrin de son cousin.

Elle écouta.

Stephen était entré dans la chambre de sa mère. Tout ce qu'Anna put entendre fut le nom de Frank Perceval, prononcé avec une douloureuse émotion par Stephen, et quelques exclamations de surprise de mistress Mac-Nab. Elle grelottait, la pauvre enfant, sous son léger vêtement de nuit qu'un vent glacial soulevait à chaque instant, mais elle demeurait à son poste.

L'entrevue dura peu. Bientôt Stephen reparut sur l'escalier, et, au lieu de monter vers sa chambre, suivant son habitude, se dirigea vers la porte de la rue.

— Où va-t-il ? se demanda Anna.

Elle ne devait point avoir de réponse à cette question. — Elle n'entendit même plus rien, si ce n'est un nom que Stephen prononça en embrassant sa mère.

Ce nom était celui de Clary.

Anna sentit une larme aux cils alourdis de sa paupière.

— Clary! répéta-t-elle avec tristesse; — et moi?...

La porte de la rue se referma. Mistress Mac-Nab remonta en murmurant :

— Pauvre jeune gentleman!... Stephen est un bon et généreux enfant... Pauvre jeune M. Frank!

Anna rentra dans sa chambre dont elle referma doucement la porte. Elle avait un poids plus lourd sur le cœur.

Clary dormait encore.

Au moment où Anna mettait le pied sur son lit, sa sœur s'agita violemment dans son sommeil. Elle haletait sous le poids d'un rêve pénible. Elle voulait parler, mais le cauchemar lui fermait la bouche.

— Clary! Clary! dit Anna.

Cette voix amie rompit en partie le charme.

— Stephen!... Oh! Stephen! murmura Clary ; — sauvez-moi !

Anna se couvrit le visage de ses mains et des larmes abondantes ruisselèrent à travers ses doigts.

— Elle aussi! murmura-t-elle.

Puis elle éveilla sa sœur par un baiser.

Clary se dressa effrayée sur son séant et

jeta ensuite ses bras autour du cou d'Anna qui s'efforçait de sourire.

— C'est toi ! dit-elle ; — Oh ! merci !... Je faisais un rêve... Que je t'aime, Anna, et que ta vue est un doux réveil ! — Un rêve terrible, ma sœur...

Elle s'interrompit et ajouta en soupirant :

— Terrible et doux à la fois... Il était là... il m'enlaçait de ses bras... Je ne pouvais résister... Il m'entraînait...

— Qui ? demanda Anna dont les fins sourcils se rapprochèrent ; — Stephen ?

Clary secoua la tête.

— Non, répondit-elle; — Stephen essayait de me protéger contre lui.

— Contre qui? demanda encore Anna.

Clary la regarda, et l'expression de son beau visage changea subitement.

— Je ne sais, murmura-t-elle. — Qu'ai-je dit?.. j'ai parlé comme on fait quand on rêve...

— Tu as parlé de Stephen, ma sœur.

— Oui... c'est vrai... Ecoute Anna.

Elle attira sa jeune sœur sur son sein et couvrit sa joue de baisers.

— J'ai deviné ton secret, reprit-elle; tu l'aimes... tant mieux! la dernière lettre de

notre père annonce son arrivée prochaine...
Nous le verrons bientôt, demain peut-être...
Je lui parlerai, Anna; tu seras heureuse.

— Tu ne l'aimes donc pas, toi? dit Anna qui pleurait et souriait.

— Moi?... Je n'aime personne, Anna, répliqua vivement Clary; — personne, entends-tu... Et qui donc aimerais-je?

— Je le croyais...

— Comme tu as froid, ma sœur!... Recouche-toi! recouche-toi bien vite... Pauvre Anna!... Que j'aurais de joie à te voir la femme de notre cousin, qui est si noble et si bon... Je voudrais que notre père fût à Londres déjà!

Les deux sœurs s'embrassèrent encore et Anna regagna son lit. Les rôles changèrent alors. Au bout de quelques minutes, on aurait pu entendre l'égale et douce respiration d'Anna endormie.

Clary, au contraire, veillait maintenant. Elle veillait, hélas! cette nuit comme toutes les autres nuits, lorsque quelque rêve ne venait point engourdir la fièvre de son unique et brûlante pensée...

Gilbert Paterson, cependant, avait eu le temps de réfléchir, mais il n'avait rien trouvé de passable et demeurait depuis une heure sur sa borne, gelé, de mauvaise humeur, et ne sachant à quoi se résoudre.

Ce fut le bruit de la porte refermée par Stephen, qui le tira enfin brusquement de sa chagrine préoccupation.

Il se leva et secoua ses membres raidis par l'humidé nocturne.

— Où diable suis-je ici? se dit-il... Je ne peux pourtant pas coucher dans la rue... Voyons!

Il s'orienta et reconnut Cornhill. Puis ses yeux, élevés par hasard, rencontrèrent la lumière qui brillait au second étage de la maison de mistress Mac-Nab.

Cette vue sembla dissiper soudain les ténèbres de son cerveau. Il se frappa le front et sourit joyeusement.

— Pardieu! dit-il, voilà mon affaire!... Je veux en essayer dès demain... Quant aux moyens à employer, j'en sais plusieurs, mais à quoi bon s'exposer soi-même... j'ai de l'argent pour payer les autres.

Il remonta aussitôt Cheapside et se fit ouvrir un fiacre devant Saint-Paul.

— Où allons-nous, milord? demanda le cocher.

Gilbert Paterson demeura un instant indécis.

— Before-Lane, dit-il enfin.

Puis il ajouta à part soi :

— Ce sera bien le diable si, parmi les habitués de Peggy, je ne trouve pas ce qu'il me faut !

XXIV

LE TAP,

Jamais, au grand jamais on n'avait vu Bob-Lantern s'occuper si activement d'une chose qui ne le regardait point. Les coups de canne du bon capitaine Paddy O'Chrane semblaient lui avoir communiqué un entrain extraordinaire, et, lorsque Snail, de retour de son expédition, revint à *The Pipe and Pot*, Bob travaillait des pieds et des mains à déblayer le *tap*, empli de décombres, pour faire plaisir, disait-il, à son ami l'honnête Mich.

L'honnête Mich ne paraissait point animé à son endroit d'une gratitude fort chaude.

Il avait toujours ses coudes sur la table et sa tête entre ses deux mains. Sa tumeur avait grossi et se montrait, blanchâtre, veinée de sang, sous les mèches humides de ses épais cheveux roux.

Bob interrompait parfois son travail, dans lequel du reste il était aidé par trois ou quatre vagabonds à mines patibulaires, pour venir s'asseoir auprès de Mich.

— Bois un peu, mon garçon, lui disait-il ; mais ne bois pas trop. Quand on a bu, on fait du bruit et pas de besogne... Je t'ai vu taper comme il convient quelquefois, sous London-Bridge ; mais tu as affaire ce soir à un vigoureux drôle... Heureusement, Mich, mon honnête Mich, Tom Turnbull est une brute qui frappe en aveugle, et, si tu t'es laissé toucher à la tempe, mon vieux (*old fellow*), c'est que tu avais bu...

— Tom ne viendra pas, répondait Mich, exprimant involontairement son espoir ; — c'est un lâche !

— C'est un lâche, Mich, un vrai lâche, mais il viendra... Oh! j'irai le chercher, s'il ne vient pas, Dieu me damne!... par intérêt pour toi, Mich, mon garçon,

Quelqu'un qui eût observé le visage de Bob tandis qu'il soufflait ainsi ses paroles à voix basse dans l'oreille de Mich, aurait reculé de dégoût et d'effroi. La sueur perçait sous ses cheveux durs et bas plantés ; ses yeux scintillaient cauteleusement derrière les poils abaissés de ses sourcils. Une convulsion périodique agitait les muscles de sa face, et, à chaque angle de sa bouche, il y avait un petit flocon d'écume qu'il essuyait sans cesse et qui, sans cesse, reparaissait.

Tout l'ensemble de sa physionomie exprimait avec une énergique hideur l'instinct de cruauté féroce, peureuse et terrible à la fois qui était quelque part au fond de sa nature et que recouvrait d'ordinaire l'appétit insatiable et victorieux qui le poussait incessamment à la déprédation. Le masque de bonhomie que revêtait parfois son visage, dans la joie de l'avidité assouvie ou dans le besoin de tromper, s'était violemment déchiré et laissait voir à nu l'effrayant caractère de cette figure où tous les penchans mauvais qui peuvent vicier le cœur d'un homme avaient laissé tour-à-tour leur stigmate.

Ce n'était pas Satan, car Satan ose, et quelque farouche grandeur a survécu à sa chute ; c'était un démon inconnu, sans nom, ignoble, repoussant, odieux des pieds à la tête, un démon qui n'était pas tombé du ciel, mais engendré par l'enfer même... si ce n'est faire tort à l'enfer que de le comparer aux impurs et venimeux cloaques où naissent les truands de Londres !

En voyant cet œil sanglant éclairer sourdement l'anguleux pêle-mêle de lignes qui, se heurtant comme au hasard, donnaient en ce moment au laid visage de Bob une vigueur réellement diabolique, on se fût repenti d'avoir souri naguère à ses patelines et gauches allures. Le bouffon s'était fait hyène, et rien de plus atroce que ces transformations dont l'histoire nous fournit de si redoutables exemples.

Depuis deux heures il était là, tâchant d'échauffer le sang inerte de Mich, soufflant sans relâche l'esprit de colère et de discorde, prêchant, raillant, priant tour-à-tour.

Car, depuis deux heures, une haine furieuse bouillonnait au dedans de lui contre Tom Turnbull, — et il n'osait pas attaquer Tom lui-même face à face. Tom lui faisait peur. Qui ne sait ce que la peur ajoute de fiel à la haine?

Lorsqu'il quittait Mich, son champion, durant une minute, c'était pour préparer le *tap* qu'il avait marqué dans sa sagesse comme un lieu parfaitement convenable à la lutte annoncée. Le *tap* était vaste; son sol gardait le niveau, et la poudre épaisse qui le couvrait, annulant les dangers véniels de la chute, prolongerait le combat et lui donnerait pour résultat presque certain une sanglante catastrophe.

Oh! quelle allégresse sauvage brillait sous les sourcils de Bob en traçant les deux lignes qui désignaient la place à prendre par les deux adversaires! Comme il se délectait aux mortels tableaux que voyait son imagination excitée! En ce moment, pour lui faire lâcher prise, il eût fallu le bras d'un géant, ou bien encore l'appât de quelques guinées, car Bob, en ses plus folles colères, avait un côté sensible, tendre, éminemment vulnérable. Son avarice sans limites ne dormait jamais que d'un œil.

Snail avait repris son costume naturel et portait sous le bras ses habits d'emprunt arrangés en paquet. Il vint se rasseoir à sa place, vis-à-vis de Mich et à côté de Madge.

Il y avait deux heures qu'il était parti. Madge n'avait pas bougé ; elle n'avait pas non plus ouvert la bouche, si ce n'est pour boire de temps en temps une gorgée de gin. Sa pipe brûlante et humide était toujours entre ses dents. Ni le tabac, ni le gin, ni le rhum n'avait produit le moindre effet sur elle.

Au contraire, la pauvre petite Loo, brisée par l'ivresse et la fatigue, était tombée sans mouvement au milieu de son bal extravagant. On la voyait étendue à terre, dans le coin même où elle dansait tout à l'heure. Ses formes grêles se dessinaient sous l'étoffe de sa robe, trempée d'ale et de sueur. Sa bouche ouverte respirait péniblement et rendait à chaque aspiration un râle rauque, haletant, affreux à entendre. Elle avait la tête renversée, et d'admirables cheveux blonds, seuls débris d'une beauté polluée en son germe, ruisselaient sur le sol autour d'elle. Ses joues hâves et creusées avaient deux taches de feu aux pommettes, et ses paupières demi baissées laissaient voir l'émail terni de ses grands yeux.

Elle dormait.

Bob-Lantern jeta en tapinois sur Snail un regard de rancune et se leva sans mot dire pour aider à déblayer le *tap*.

— Ohé! s'écria Snail, tout le monde dort-il ici!... ma jolie Madge ne me dit seulement pas bonsoir; Mich, mon beau-frère, a l'air d'un bœuf à l'abattoir; ce vieil hypocrite de Bob me regarde et s'en va... et Loo... où diable est Loo, ma jolie Madge?

Madge étendit silencieusement la main vers le coin où gisait la pauvre petite fille.

— Tu es un gros coquin, Mich, dit Snail, de laisser comme cela ta femme... Que lui faudrait-il, à Loo?... un peu de gin, pardieu! et elle serait gaillarde comme toi et moi.

Il fit le tour de la table et s'approcha de sa sœur.

— Pauvre Loo! dit-il. Elle brûle comme un

tison de coke !... Elle étouffe comme cela, la tête en bas... Loo ! Loo !

Il la secoua, et la petite fille se leva à demi pour retomber lourdement à terre.

— Loo ! Loo ! répéta Snail en tâchant de la soulever.

Loo mit ses deux mains sur sa poitrine haletante.

— Oh ! oh ! dit-elle d'une voix creuse ; — j'ai du feu... du feu là-dedans !

— Ton verre, Madge ! s'écria Snail.

Madge passa le verre plein de rhum à Snail, qui l'approcha des lèvres de sa sœur. Celle-ci le but d'un trait.

Elle ouvrit les yeux alors, se leva et se prit à rire.

— Du tabac! dit-elle, — j'ai fait un bon somme, pardieu!... Qui veut danser avec moi?

Le rhum venait d'engourdir pour un instant sa souffrance, et la pauvre fille se croyait guérie.

Elle voulut entraîner Mich, qui grogna et la repoussa rudement; puis elle s'en prit à la jolie Madge, qui pouvait en effet fort bien servir de cavalier; puis enfin, elle s'en fut danser seule dans un coin.

Le verre de rhum avait réchauffé son

ivresse. Ses longs cheveux blonds tombaient, épars et mêlés, sur son visage. Elle riait et grimaçait derrière ce voile, comme un enfant qu'elle était.

Et c'était chose faite pour serrer le cœur douloureusement, que de voir cette précoce victime du vice secouer pour ainsi dire son agonie et trouver dans l'ivresse ce qu'il fallait de force pour épuiser son dernier souffle.

— Attention, Mich, mon garçon, dit Bob, qui vint s'asseoir auprès du lighterman, — j'entends du bruit dans la rue. Ce sont eux.

Mich se redressa et parut écouter attentivement. Son regard hébété se baissa comme par un mouvement subit de terreur.

— Les voilà ! les voilà ! cria Snail ; — Mich, de par Dieu ! lève-toi ! lève-toi comme un bon garçon... Tu as peur, je pense... Madge, n'a-t-il pas peur ?

— Non, Snail, non, il n'a pas peur... Mich est un brave... N'est-ce pas, Mich ?

C'était Bob qui parlait ainsi, et tout en parlant, il interrogeait avidement la physionomie effrayée du lighterman.

— Du diable s'il ne tremble pas comme la feuille ! grommela-t-il ; il faut pourtant que ce coquin de Tom ait son compte ! Ah ! Tempérance ! Tempérance !...

Bob grinçait des dents et serrait convulsivement les poings.

— Ma bonne mistress Witch, dit-il tout bas, avez-vous mis à chauffer ce que je vous ai dit?

— J'ai mis une mesure de rhum, monsieur Bob, j'ai mis deux mesures de gin, un quart de pinte d'eau-de-vie de France, une demi-once de canelle, une poignée de clous de girofle et un verre de sherry.

— C'est cela ma bonne dame... Est-ce chaud?

— Bouillant, monsieur Bob... Je vais vous le servir.

Peg Witch disparut un instant et revint presque aussitôt avec un bowl fumant, dont l'âcre vapeur la faisait tousser en chemin.

— Allons, Mich! un verre de grog, mon fils! cria joyeusement Bob... ça te donnera du cœur, mon garçon... Tu n'en manques pas, je le sais bien, pardieu! — mais on n'en a jamais de trop.

Bob versa le brûlant mélange à la ronde. Mich but son verre d'un trait; Madge l'imita, Snail fit la grimace et jeta ce grog de nouvelle espèce qu'il déclara détestable.

— Le fait est, dit Madge, profitant du moment où elle avait ôté sa pipe pour boire, — le fait est qu'il n'est pas assez fort.

— Un autre verre, Mich! reprit Bob.

Mich but un second verre.

Comme il achevait, un violent coup de pied lança la porte en dedans.

— Quand je vous disais que c'étaient eux! s'écria Snail; les voilà! voilà le *fun* qui va commencer... le *fun*, vive le fun! *The fun for ever* (1)!

En parlant, il s'était levé. — Bob versa un troisième verre à Mich, qui, dans son trouble, l'avala jusqu'à la dernière goutte.

Bob le regarda en face. L'inerte visage de Mich s'animait insensiblement. Ses paupières battaient; les veines de son front se gonflaient.

---

(1) Formule anglaise, sorte de vivat : *le fun pour toujours!*

Ce que voyant, Bob saisit le bowl à moitié plein encore et le brisa sur le carreau de la salle.

— Il en a assez ! murmura-t-il, — et il ne faut pas que Turnbull en goûte !

Snail, cependant, s'était élancé vers les nouveaux arrivans. C'étaient Tom Turnbull, le gros Charlie, Mitchell et deux ou trois autres des matelots nocturnes du bon capitaine Paddy. Tous, ils étaient ivres ; seulement Turnbull l'était un peu plus que les autres.

Ils entrèrent en chantant et couvrirent Peg Witch de malédictions en guise de salut. On leur fit place autour d'une table.

— Je suis ici, leur dit Snail, avec ma femme Madge, mes gais camarades ; mais je ne puis vous offrir à boire parce que Mich est mon beau-frère et boit avec moi... Allons-nous commencer la danse?

— Ah! Mich est ton beau-frère! répliqua Turnbull. C'est bien. Je vais l'assommer.

Bob avait suivi Snail tout doucement. Il donna une rude poignée de main à Tom Turnbull.

— Allons, allons, mon vieux Tom, dit-il, Mich est un bon garçon et va devenir notre camarade... Est-ce qu'on ne pourrait pas arranger cela ?

Tom, malgré son ivresse, regarda Bob d'un air soupçonneux.

— Puisque tu t'en mêles, toi, dit-il d'un air sombre, il y aura un crâne brisé ce soir... peut-être deux... que veux-tu ?

— Je veux vous calmer tous deux, mon vieux compagnon, reprit Bob en mettant dans sa voix une nouvelle dose de miel.

— Tu veux nous donner le diable au corps... c'est bien... J'ai mes seconds... va-t'en !

Bob s'en alla retrouver Mich. Celui-ci n'était plus le même homme. Son torse robuste s'était redressé. Il y avait une flamme sauvage dans son regard. Le grog infernal de Bob faisait son effet.

— Mon garçon, dit ce dernier, ce diable de Tom ne veut entendre à rien !

— Quel Tom ? demanda Mich dont l'épaisse cervelle se troublait, en même temps que son sang s'échauffait.

Bob pressa du doigt la tumeur qu'il avait au dessus de l'oreille.

— Celui qui t'a fait cela, pardieu ! murmura-t-il ; le coquin de Tom Turnbull.

A ce nom, Mich tressaillit convulsivement et asséna sur la table un coup de poing qui fit sauter les verres et les cruchons.

— Où est-il ? où est-il ? s'écria-t-il ; — ah ! je vais le tuer cette fois !

— Puisses-tu dire vrai! pensa Bob.

Snail battait des mains et répétait sur tous les tons que le bal allait commencer. Il ne se trompait pas. Turnbull avait entendu la menace de Mich ; il se leva et l'appela par son nom. L'instant d'après, le *tap* présentait l'aspect d'un champ-clos. Tous les chalands de *The Pipe and Pot* étaient rangés en galerie autour de l'arène tracée par les soins de Bob-Lantern. Derrière les hommes on voyait, montées sur des bancs apportés, Peg Witch, Assy-la-Rousse, et Loo qui chantait toujours d'une voix creuse et monotone.

Madge avait, bien entendu, sa place marquée parmi les hommes. Son chapeau, sa veste, ses bottes, sa pipe et sa barbe lui donnaient incontestablement droit à cet honneur.

Peg Witch et son aide-de-camp Assy avaient fermé la devanture de la taverne. Il était plus de minuit.

Mich et Turnbull étaient placés vis-à-vis l'un de l'autre, Turnbull assisté par le gros Charlie, Mich par Bob-Lantern, son nouvel ami. — Snail et Mitchell tenaient, l'un du vulnéraire (c'est-à-dire de la sauge infusée dans de l'eau-de-vie), l'autre un pot de pommade contre les contusions. Ces deux baumes sortaient de la pharmacopée de Peg Witch, dont le bouge était fréquemment le théâtre de ces sortes d'ébats.

Les deux champions commencèrent à se mesurer du regard, tandis que Bob et Charlie discutaient les conditions du combat.

A ce moment, on frappa doucement à la porte de la rue.

— N'ouvre pas ! Peg, s'écria Mitchell, ou je t'étrangle ! ce sont les policemen.

La tavernière était allée mettre son oreille sur les planches mal jointes de la porte.

— Ouvrez, Peggy, ma bonne, dit une voix à l'extérieur. C'est un ancien ami qui vient vous voir, et vous n'aurez pas à vous repentir de sa visite.

— Que Dieu me pardonne ! murmura Peg ;

c'est la voix de Gilbert Paterson, que je n'ai pas vu depuis dix ans, et qui est, dit-on, maintenant, l'homme d'affaires du riche comte de White-Manor... Seigneur ! c'est le dernier homme que j'aie aimé, pourtant.

— Peggy ! ma chère amie ! Peggy !

— Du diable si je n'ouvre pas, dit la tavernière, mettant fin à ses incertitudes ; — en tous cas, Gilbert Paterson était un coquin : il a droit d'entrer ici.

Elle tira les barres de la porte, et l'intendant du comte entra. Il était enveloppé d'un vaste manteau. Son chapeau tombait sur ses yeux.

— Bonsoir, Peg, dit-il en changeant tout-à-coup de ton ; — bonsoir.

— Seigneur Dieu ! Gilbert, comme vous avez grossi, — et vieilli, — et grisonné, mon homme.

— Bien, Peg ?... On se bat chez vous, ce soir ? J'attendrai que la bataille soit finie.

— Pourquoi faire ?

— J'ai besoin d'un coquin sans peur et sans entrailles, Peg !

— Pardieu ! Gilbert, vous aurez ici à choisir... Aidez-moi, je vous prie, à refermer ma porte.

Les lourdes barres furent remises en place. Paterson, qui avait l'air soucieux et fort abattu, s'assit tout seul dans une case. Peg remonta sur son banc.

Une vive contestation s'était engagée sur la question de savoir si le combat serait à merci ou à mort. Turnbull penchait pour la première solution ; mais Mich, excité par Bob et surtout par le fameux grog, ne voulait entendre à rien.

Snail ne se possédait pas de joie.

De temps en temps, lorsque le fracas de la discussion se taisait, on entendait la voix rauque et monotone de Loo, qui chantait.

On frappa une seconde fois à la porte de la rue.

— Peg ! noire damnée ! dit-on rudement au dehors ; ouvre, ou je mets le feu à ton repaire.

Peg reconnut sans doute la voix, car elle s'empressa de tirer les barres de sa porte.

Un homme de taille au dessus de la moyenne et d'une carrure herculéenne entra ; il était, comme Paterson, couvert d'un vaste manteau, dont le capuchon rabattu lui tenait lieu de coiffure.

— Bob est-il ici ? demanda-t-il.

— On est en train de se battre, répondit Peg.

— C'est bien !

Le nouvel arrivant se dirigea vers le tap.

— Jusqu'à la mort ! hurlait Mich en ce moment ; — je veux tuer ou être tué ! mille diables !

— Deux mille diables ! mon garçon, tu dis bien, répondit l'homme au manteau qui, écartant la foule à droite et à gauche, s'avança entre les deux combattans ; — la mort !... vous en valez la peine tous deux ; et, d'avance, j'achète deux guinées le corps du vaincu... Le marché vous va-t-il ?

Ce disant, il jeta en arrière son capuchon.

— Bishop !... Bishop le *burkeur* ! murmura l'assistance avec un frémissement de crainte.

XXV

BOUE ET SANG.

Thomas Bishop, le *burkeur* (*the burker* (1),
était un homme jeune encore. Il semblait de

---

(1) En 1829, à Édimbourg, un individu nommé Burke, qui avait été résurrectionniste (déterreur de cadavres), trouvant

force à battre Turnbull et Mich réunis. A ses épaules, d'une carrure réellement formidable, pendaient deux bras longs, musculeux, renflés au dessous du coude, dont la vigoureuse apparence eût fait honte aux bras de Milon de Crotone.

Sa figure, courte et bouffie, rappelait le mu-

---

que ce métier ne suffisait pas à ses besoins, imagina un moyen plus expéditif pour se procurer les *sujets* qu'il revendait aux chirurgiens. Il assassina la nuit dans les rues, et les autorités d'Edimbourg ne parvinrent à mettre la main sur lui que lorsque la liste de ses victimes était déjà bien longue. Il fut condamné et exécuté, mais son abominable industrie trouva des imitateurs, surtout à Londres, où la grande quantité de praticiens, jointe à la rareté des sujets, dut naturellement exciter la cupidité des assassins. Comme le procès de Burke avait eu un grand retentissement et que la frayeur générale était au comble, on fit un verbe (*to burke*) du nom de ce misérable, et *burker* voulut dire tuer pour vendre le cadavre de la victime à un chirurgien.

seau d'un boule-dogue. Il avait le nez rond, ouvert et retroussé; la bouche démesurément large et des yeux à fleur de tête, sous un front fuyant caché en grande partie par une forêt de cheveux crépus.

Tout cela exprimait une brutalité franche, cynique, imperturbable.

Il parcourut l'assemblée du regard et fit un signe de tête à Bob-Lantern.

— Apporte-moi une chaise et du rhum, Peg! dit-il ensuite. Je n'aime pas à rester debout... Allons, mes camarades, que je ne vous gêne pas. Assommez-vous comme de jolis garçons... Je vais boire à votre santé.

L'arrivée de ce terrible personnage avait jeté quelque gêne dans le *fun*. Le *bal* perdait de sa gaîté. Snail ne criait plus. Loo, que son affaissement périodique ressaisissait, luttait, sur son banc, contre le sommeil. — Turnbull et Mich semblaient avoir envie d'ajourner la partie.

Mais ce n'était pas le compte de Bob. La vue de l'homme qu'il croyait son rival, de l'homme qu'on accusait d'avoir séduit Tempérance, exaltait terriblement sa colère. Il mit sa bouche sous l'oreille de Mich.

— Je sais un coup, mon garçon, murmura-t-il, un coup qui tuerait le diable ; à la quatrième passe, foi de Bob, je te l'enseignerai.

— Eh bien ! dit Bishop le burkeur, en jetant deux guinées dans la poussière entre les champions, — commencez-vous, mes drôles?... Dépêchez : j'ai besoin de Bob... La partie est de quarante-deux shellings. Le gagnant la prendra ; le perdant... Que diable ! j'emporterai le perdant, qui n'aura plus besoin de grog !

— Monsieur Bob, dit Peg Witch, qui avait réussi à se faire jour, — il y a dans le parloir un gentleman qui veut vous parler... Il s'agit de gagner une bonne somme.

— Un gentleman ! répéta Bob : — à cette heure !... et une bonne somme, Peggy, ma bonne dame?... Dites-lui d'attendre, ce sera bientôt fait... Allons, Mich !... en garde, mon fils!... rends-lui sur l'œil ce qu'il t'a donné sur la tempe.

Bob toucha encore du doigt sur la tumeur de Mich.

— C'est dit! s'écria celui-ci en fermant les poings; — avance ici, Tom, que je te tue!

Tom se mit en garde.

Bishop le burkeur, assis au premier rang de la *galerie* devant le reste des spectateurs, tenait d'une main son verre de rhum et de l'autre sa montre.

L'art de boxer est moins connu chez nous qu'on ne le pense généralement sur le continent. Néanmoins, il est vrai de dire que le *ring* (1) est descendu jusqu'à un certain point dans les mœurs populaires. En outre, le *Londonner* pur sang, c'est une justice à lui rendre, possède, infuse, la science du coup de poing. Dans leurs duels, les gens du peuple et les vagabonds imitent de leur mieux les règles officielles posées par les gladiateurs de profession. — Et Dieu sait qu'ils s'en trouvent mal ; car ces règles, surtout celles qui consistent à multiplier les assauts en diminuant leur durée, est un véritable raffinement de barbarie.

---

(1) **The *ring*,** proprement la bague ou le cercle. C'est le mot usité à Londres pour exprimer ce qui a rapport au pugilat, de même que *the turf* (le gazon) comporte tout ce qui regarde les courses de chevaux, gageures y relatives, etc.

— Je vais mesurer, dit Bishop ; — une minute par coup, c'est assez... Allez !

— Allez ! répétèrent Bob et Charlie.

Les deux champions se tâtèrent durant une seconde. Mich frappa le premier. Une fois la glace rompue, les coups se succédèrent drus comme grêle, tant il est vrai qu'en toute chose il n'y a que le premier pas qui coûte.

— Bien, Tom ! Hardi, Mich, mon beau-frère ! criait Snail au comble de la joie... Du gin, sorcière Peg, pour ces braves garçons... Viens, Loo, viens apporter à boire à ton homme !

Il y avait, ma foi, de quoi s'enthousiasmer

et de quoi se réjouir. Mich venait de briser le nez de Turnbull d'un monstrueux coup de poing, et Turnbull, pour ne point demeurer en arrière, lui avait martelé l'œil droit d'une terrible façon. Ils commençaient à s'échauffer ; ils s'étaient rapprochés, et les coups pleuvaient Dieu sait comme!

— *Draw!* (tirez) cria Bishop ; — la minute est passée.

Bob et Charlie s'élancèrent, saisirent chacun leur champion par les reins et le tirèrent violemment en arrière.

Peg et Loo apportèrent du gin, savoir, Peg un verre entier; Loo un verre dont elle avait bu la moitié en chemin. Mich avala le reste et

Bob lui frotta le tour de l'œil avec son vulnéraire.

— Oh! le vrai coup de poing! disait Snail; regarde, Loo, regarde l'œil de ton homme, ma sœur; dans dix minutes il enflera... Je connais ça, moi qui suis un homme!... Il sera gros comme une pomme de novembre!... Ça commence bien!... Vive Mich! vive Turnbull!... *The fun for ever!*

— Voilà un détestable *scamp*, gronda Bishop; — Snail, escargot sans coquille, tais-toi, ou je vends ta chair au docteur Moore pour six pences!

— Bien, monsieur Bishop, murmura Snail, qui regarda timidement la face de boule-dogue du burkeur, — vous êtes plus fort que moi, pardieu ! mais six pences, ce n'est pas un prix pour un homme !

— Est-ce qu'il y a de l'ouvrage un petit peu ? demanda Bob à Bishop.

— De l'ouvrage et du bon, maître gueux, répondit le burkeur, mais nous avons le temps... En besogne, vous autres !

— Allez ! dirent Bob-Lantern et Charlie.

Le vulnéraire brûlait l'œil de Mich ; la pommade, rudement appliquée par Mitchell, avait mis le nez de Tom dans un état pitoyable. Ils s'élancèrent l'un contre l'autre avec fureur et se choquèrent comme deux béliers. Mich fut renversé du premier coup : il se releva ; un second coup le rejeta dans la poussière : il se releva encore.

On peut le dire. Cette seconde minute fut héroïquement employée. Peu versés dans l'art fashionable du *boxing*, les deux champions s'occupaient davantage de frapper que de parer, ce qui rendait leur combat atroce. Chacun d'eux avait maintenant le visage sanglant, et, sur ce fond rouge, des taches livides marquaient çà et là la place des coups les plus récens.

Ils frappaient en silence. Seulement Mich, qui était évidemment le plus faible, soufflait et râlait déjà.

L'assistance ne disait mot. On n'entendait que le bruit sourd des poings heurtant la chair, ou le son creux des poitrines martelées. Loo ne chantait plus, parce que, sur le comptoir, il y avait une pleine cruche de rhum. Personne n'était là pour empêcher Loo de boire, car l'intendant Paterson, enveloppé dans son manteau et tournant le dos au jour, ne semblait point d'humeur à s'occuper des affaires d'autrui.

— *Draw!* prononça encore Bishop le burkeur.

Les deux combattans furent séparés une seconde fois. Snail trépignait de joie. Il fallait la terrible présence du burkeur pour contenir un peu les bruyans éclats de son allégresse.

—Oh!... oh!... oh!... disait-il en se tournant sur lui-même; — le beau bal, le beau *fun !* As-tu vu, ma jolie Madge ? Turnbull a deux dents brisées... deux, pardieu ! et Mich, mon beau-frère, a plus de cloches sur son visage que toutes les paroisses de Londres ensemble... Du rhum!... Loo! Peg! Du rhum pour le grand Tom et mon beau-frère le brave Mich, que nous allons voir bientôt assommer!

Loo vint à la voix de Snail. Elle s'approcha, chancelante, et regarda Mich avec des yeux stupides.

— Va-t-on le tuer tout à fait ? demanda-t-elle.

— Oui, Loo, oui, de par Dieu! Tu vas voir cela, ma sœur.

— Alors, dit Loo, je vais boire son rhum.

Elle but, et passa sa main sur ses yeux.

— Pauvre Mich, murmura-t-elle doucement; — comme il me battait!... Prends son tabac dans sa poche, Snail... J'ai cru souvent qu'il me tuerait... Oh! s'il avait pu me tuer!....

Elle mit ses deux mains sur sa poitrine et poussa un sourd gémissement.

— Du feu! reprit-elle; c'est du feu qui est là dedans!

— Allez! dit le burkeur.

— Allez ! répétèrent les deux seconds.

Tom et Mich, enragés par la souffrance, s'attaquèrent de nouveau en grinçant des dents. Cet assaut fut court : Bishop, par un raffinement de cruauté, ne laissa pas écouler la minute entière : mais il dura trop encore. Lorsqu'on sépara les deux combattans, ils étaient hideux à voir.

Mich, saisissant à deux mains le front de Tom, avait arraché avec ses ongles la peau du crâne qui tombait maintenant sur les yeux comme un sanglant et lourd bandeau. Tom avait planté un coup de poing formidable sous l'œil gauche de Mich, et la tumeur, hâtée par la violence désespérée du coup, s'était faite instantanément.

On les baigna de vulnéraire ; on les enduisit de pommade.

— Je n'y vois plus ! mugit Turnbull, avec un horrible juron.

— Je suis aveugle ! hurla Mich, dont la rage atteignait au délire.

Snail tourna sur lui-même et miaula, dans l'impuissance où il était d'exprimer comme il faut l'intensité de son bonheur.

Tom et Mich disaient vrai tous deux. Le coup que le lighterman avait reçu sous l'œil au premier assaut avait fait cloche à la longue et lui bouchait maintenant l'œil droit; le dernier coup avait mis sous l'œil gauche une tumeur semblable et plus volumineuse. — De son côté, Tom était aveuglé par la peau de son front.

— Oh!... oh!... oh!... criait Snail ; — en voilà un *fun* comme on n'en a jamais vu, pardieu!.. Comment vont-ils faire, les deux bons garçons? Mich, comment vas-tu faire pour tuer Tom? Tom, comment vas-tu faire pour assommer mon beau-frère?

— Allez! dit Bishop.

Tom et Mich restèrent immobiles.

— Arrachez-moi ce que j'ai sur l'œil, dit Mich dont le visage sans yeux exprimait pourtant une hideuse et brutale fureur. — Arrachez-le moi, pour que je tue Tom, au nom du diable !

— Attachez cette loque qui me pend au front ! enfer et damnation ! cria Turnbull à son tour ; — je veux l'écraser, le moudre, par Satan ! l'écorcher, le broyer, le manger !

— A la bonne heure ! à la bonne heure ! dit paternellement Bob-Lantern. Voilà deux honnêtes amis !... Monsieur Bishop, vous avez votre trousse : un coup de lancette dans cette cloche qui bouche l'œil du pauvre Mich... ce ne sera rien... où est Loo ?

— Loo ! Loo ! cria Snail.

— Pas tant de bruit, Snail; mon gentil garçon... Le bruit ne sert à rien... Une aiguille, mistress Peg, et du fil... Loo, ma belle, recous le front de ce pauvre bon garçon de Turnbull.

— C'est cela! c'est cela! vociféra l'incorrigible Snail; — une reprise perdue au cuir de Tom Turnbull... Oh! pour sûr, on n'a jamais rien vu de pareil !

Loo prit l'aiguille et le fil des mains de Peg, qui tremblait en les lui donnant, tant cette scène était de nature à terrifier les âmes les plus bronzées. Loo vint se mettre devant Turnbull, releva le lambeau sanglant d'une main ferme, et fit, suivant l'expression de Snail, une véritable *reprise perdue*. Pas un muscle chez elle ne bougea pendant l'opération. Tom hurlait et jurait comme un damné; elle n'y prenait pas garde. — Quand elle eut fini, elle coupa le fil et demanda à boire.

Bob l'embrassa dans un accès de tendre admiration.

Les misérables qui formaient la galerie s'écartèrent d'elle avec dégoût.

Elle rentra dans le comptoir où elle fit quelques pas en chancelant; puis elle prit sa poitrine à deux mains en râlant sa plainte ordinaire :

— Du feu!... j'ai du feu là dedans!

Puis enfin elle tomba inanimée sur le sol.

Pendant cela, Bishop, qui était à demi chirurgien, avait ouvert l'œil de Mich. Les deux champions se traînèrent l'un vers l'autre. La rage seule les soutenait désormais. — C'était horrible à voir!

— Assez! les pauvres diables en ont assez! dit une voix dans l'assemblée.

Tout le monde fit chorus.

— Taisez-vous, drôles! cria Bishop d'une voix tonnante; pensez-vous que je les paierais, vivans, deux guinées?

— Ferme, Mich, mon bon fils, dit Bob à l'oreille du lighterman; — fais ce que je t'ai dit et ne t'inquiète pas du reste.

Turnbull se présenta comme à l'ordinaire, les poings en avant. Mich ne se mit point en garde et reçut sans sourciller un déluge de coups, puis, prenant son temps, il saisit Turnbull aux cheveux, l'amena en avant, et lui cogna par deux fois la tête sur son genou relevé.

Turnbull, étourdi, perdu, chancela dès que Mich eût lâché prise; mais tout n'était pas fini, et la leçon de Bob était plus complète que cela. Tandis que Tom reprenait péniblement l'équilibre, Mich s'élança de toute sa force et ficha son crâne au beau milieu de la poitrine du malheureux Tom qui craqua sourdement.

Des flots de sang inondèrent au même instant le sol. Turnbull tomba comme une masse inerte. Mich, épuisé, se coucha dans la poussière auprès de lui....

Une demi-heure après, un silence profond régnait dans Before-Lane. Les planches pourries et mal jointes qui formaient la clôture de *The Pipe and Pot* ne laissaient plus passer qu'une lueur terne et douteuse. A l'intérieur, tous les bruits divers avaient pris fin.

Snail s'en était allé, traîné par la jolie Madge, sa femme, qui se déclara satisfaite de sa soirée, et traînant la malheureuse Loo que le brouillard nocturne étouffait. Les autres chalands avaient suivi l'exemple de Snail, après avoir eu soin toutefois de jeter religieusement quelques lambeaux de toile sur les corps, morts ou vivans, des deux vaillans gladiateurs.

Pourtant, il y avait encore du monde à *The Pipe and Pot*.

— Allons, Peg ! dit Bishop le burkeur, débarrasse-nous de ta présence, ma vieille... Allons, Assy ! au lit !.. et plus vite que cela... nous avons à causer d'affaires !

Peg Witch et Assy-la-Rousse, qui s'occupaient à mettre un semblant d'ordre parmi les débris de toute sorte qui composaient le mobilier du public-house, n'attendirent pas un second ordre et s'enfuirent en murmurant quelques paroles de soumission.

Bishop resta seul dans la pièce d'entrée. Bob s'était glissé dans le parloir.

— Votre Honneur, dit-il à Paterson dont il ne voyait pas le visage, a quelque chose à me commander?

— J'ai demandé à Peg Witch de me fournir un coquin sans peur et sans scrupule, commença Paterson; — eh! mais, c'est toi, Bob... Peg a, ma foi! bien choisi...

— Allons! Bob; ici, drôle! cria Bishop.

— Que Votre Honneur m'excuse, reprit Lantern; il paraît que je suis de sa connaissance... Je vais revenir tout à l'heure... Il y a là, de l'autre côté, un gaillard qui est durement capricieux... Il ne fait pas bon l'impatienter, Votre Honneur.

— Bob, sale coquin, dit encore Bishop; — ici !

Bob se hâta de rentrer dans le comptoir.

— J'attendrai, murmura l'intendant du comte White-Manor.

— Me voici, mon bon monsieur Bishop, dit-il; j'ai là un gentilhomme qui m'attend, mais je vous donne la préférence, comme de juste.

— Comme de juste, répéta Bishop. Ce qu'on

ne me donne pas, je le prends, ami Bob, et tu es un homme prudent... Quant à ce *gentilhomme* qui fréquente le bouge de la sorcière Peg, ce doit être un vertueux sujet du roi... Va fermer la porte, Bob, afin qu'il n'entende pas ce que je vais te dire.

Bob obéit.

— Ce que je vais te dire, reprit le burkeur, avec une sorte d'embarras, — du diable si je le dirais à un autre... Je n'ai jamais fait semblable besogne... Mais tu n'as ni cœur ni âme, Bob, et pourvu qu'on paie bien...

— On paiera bien, monsieur Bishop? interrompit Bob dont l'œil s'alluma ; — combien paiera-t-on ?

— Il s'agit d'enlever une jeune fille vivante pour les expériences du docteur... Mais tu n'as pas besoin de savoir le nom du docteur...

— Et combien paiera-t-on? répéta Bob.

— Une jeune fille de dix-huit ans, vingt ans au plus, dix-sept ans au moins... bien constituée, de belle taille, sans défaut, comme ils disent... Une belle fille enfin, Dieu me damne !

— Je le ferai, dit Bob; — combien paiera-t-on ?

— Je sais bien que tu le feras, coquin sans entrailles... Moi, je ne pourrais pas... Burker, c'est bien, mais amener une pauvre fille, — vivante, — à ce vampire de docteur Moore !...

— Ah ! c'est le docteur Moore !... dit Bob ; combien paiera-t-il ?

— Cent livres... c'est diabolique, ma foi !

— C'est dit, monsieur Bishop ;—touchez là !

Le burkeur fit un pas en arrière avec dégoût.

— Ne touchez pas si vous voulez, dit Bob ; la vie est durement chère. On gagne son pauvre pain comme on peut... Avez-vous sur vous de votre eau ?

Bishop lui tendit un flacon, que Bob mit dans l'une de ses poches.

— Voilà qui est bien, reprit ce dernier. Je ne vous demande pas d'arrhes... Demain soir, l'enfant sera chez vous, monsieur Bishop.

— Que Dieu te confonde ! dit le burkeur en prenant la porte.

— Cent livres ! grommela Bob demeuré seul. — On ne gagne pas souvent cela d'un coup... Je lui donnerai la petite quêteuse de Temple-Church, pardieu !... C'est une métairie pour moi que cette jeune fille !... Le beau malheur ! Elle sera bien soignée chez le docteur. Il la tuera tout doucement, sans douleur... Mais comment l'attirer ?... Bah ! je sais quelle est la fille de mon vieux patron, le laird Angus Mac-Farlane : on peut faire bien des choses avec cela !... A l'autre maintenant !

Bob ouvrit la porte du parloir.

— Sommes-nous seuls? demanda l'intendant.

— Oui, Votre Honneur; le gentleman avec qui je causais tout à l'heure dans le comptoir est allé à ses affaires.

L'intendant se débarrassa de son manteau.

— Monsieur Paterson! dit Bob; — tiens, tiens... Il y a donc du nouveau?...

— Trop de nouveau, pardieu! répondit Paterson en soupirant; — il faudra bien, maître Bob, que tu nous débarrasses quelque jour de ce diable de Brian!...

— Quand vous voudrez, Votre Honneur, mais ça coûtera durement cher... L'Honorable n'a pas froid aux yeux et n'est pas d'humeur à se laisser faire... Je suis fâché, puisque nous parlons de ça, d'avoir laissé partir ce gentleman avec qui je m'entretenais... c'est sa partie.

— Ah !... dit Paterson avec un mouvement de crainte.

— Oui..., c'est M. Bishop... Vous savez ?... M. Bishop le burkeur, comme on l'appelle.

L'intendant ne put s'empêcher de frémir en pensant qu'il s'était trouvé si près de l'homme au seul nom de qui tout Londres tremblait.

— N'ayez pas peur, reprit Bob en souriant;
— M. Bishop n'est plus là... et d'ailleurs, il n'est pas méchant... Moi, voyez-vous, pour en revenir, je ne travaille dans cette partie-là que par occasion et quand je n'ai pas d'autre moyen de gagner mon pauvre pain... Ah! Votre Honneur, que la vie est durement chère par le temps qui court!

Bob avait tout à fait quitté son air farouche pour redevenir le doucereux et patelin drôle que nous connaissons. Il y a temps pour tout. L'heure de la vengeance était passée; il s'agissait d'affaires maintenant.

— Laissons là Brian de Lancester pour aujourd'hui, dit brusquement M. Paterson,—son tour viendra et, sur Dieu! je promets de lui payer ma dette... Ecoute-moi bien, honnête Job...

— Bob, s'il plaît à Votre Honneur.

— Bob, soit !... Je ne sais pas ce que ce damné Brian a fait à milord ce soir, mais il est revenu du spectacle dans un état de fureur effroyable... Je l'ai abordé, — pour mon malheur, pardieu ! afin de lui toucher deux mots de notre affaire... Tu sais la petite miss de Cornhill...

—Anna Mac-Farlane ?.., je sais, Votre Honneur... j'en parlais il n'y a qu'un instant à ce gentleman.

— C'est une houri, ma foi ! s'écria l'intendant... Je l'ai vue... Quels yeux, master John ! quel teint ! quelle bouche !...

— Ah ! Votre Honneur, le fait est qu'on n'en trouve pas comme cela sous chaque pavé... Sa Seigneurie a mordu à l'hameçon ?

— Milord ?..... Dieu me damne, honnête Jack...

— Bob, s'il plaît...

— Que le diable t'emporte !... Sa Seigneurie ne m'a pas écouté. Sa Seigneurie m'a traité de coquin...

— Si c'est une chose possible ! murmura Bob avec onction.

— Sa Seigneurie m'a battu !

— Battu ! miséricorde !

— Sa Seigneurie ma chassé !

— Chassé, Votre Honneur !

— Ce qui s'appelle chassé, ami John... ou Bob !...

— Ah ! fit Bob en mettant de côté son sourire paletin ; — vous n'êtes plus l'intendant de milord ?

Paterson comprit.

— J'ai des économies, répliqua-t-il ; ne crains rien. Il y a quinze ans que je fais les affaires de White-Manor.

— C'est juste, murmura Bob, qui s'inclina humblement. — Et que veut de moi Votre Honneur ?

— Je veux ton aide, honnête Bob, toute ton aide. Il ne s'agit pas ici d'employer les moyens ordinaires... Je suis sûr que la petite charmerait milord du premier coup... Il me la faut.

— C'est durement malaisé, Votre Honneur, dit Bob en se grattant l'oreille, durement malaisé tout de même... Je ne vois pas...

— Il me la faut, te dis-je!... Je ne quitte la maison qu'après-demain soir...

— Y pensez-vous?...

— Tais-toi... Je ne marchanderai pas ; ne prends pas la peine de te faire valoir... Si tu me l'amènes demain soir, je te compterai deux cents livres.

— Deux cents livres ! répéta Bob avec un frémissement voluptueux.

— Deux cents livres... Si tu ne peux pas, dis-le... je m'adresserai à un autre.

— C'est durement joli !

— Eh bien ?

— Cinquante livres d'arrhes, Votre Honneur, et, foi de Bob, la petite sera chez vous demain avant dix heures du soir.

Paterson tira son portefeuille et y prit cinq bank-notes de dix livres qu'il mit dans la main de Bob.

— Mon domestique veillera à la porte de la rue jusqu'à dix heures, reprit-il ; tu monteras avec l'enfant... Ne va pas me manquer de parole !

— Tenez mes cent cinquante livres prêtes, Votre Honneur.

Paterson s'enveloppa dans son manteau et prit le chemin de la porte, qu'il ouvrit. Au lieu de descendre les degrés, il siffla et l'on entendit aussitôt le bruit d'une voiture dans Before-Lane.

— Ça ne se refuse rien, grommela Bob en

descendant lui-même dans la rue. — Patience ! quand une fois je serai gentleman et qu'on appellera Tempérance milady...

Il s'arrêta tout-à-coup.

— Tempérance ! répéta-t-il d'une voix creuse ; — c'est ici que j'ai entendu... Ah ! coquin de Turnbull ! je veux te faire un dernier cadeau !

Il remonta précipitamment les degrés de *The Pipe and Pot* et entra dans le *tap*. Le tap était complétement obscur. Bob se dirigea en tâtonnant, à travers les bancs renversés, vers le lieu du combat. Il heurta bientôt le corps d'un homme endormi. C'était Mich, qui ronflait bruyamment, gémissant et grondant par intervalles. Bob tâta la poussière auprès de Mich et trouva bientôt les deux guinées de Bishop, qu'il mit en lieu de sûreté.

—On n'entend pas ce bœuf de Turnbull, murmura-t-il ; est-ce qu'il serait mort ! Voyons... je sens sa grosse tête sous la toile... Turnbull ! Tom Turnbull !

Turnbull ne répondit point.

— Je vais le faire parler, moi, dit Bob.

Et il asséna un coup de son talon ferré sur le front du pauvre diable, à travers le linceul qui le recouvrait.

Turnbull poussa une faible plainte.

— Il est capable d'en revenir! reprit Bob, qui cherchait son couteau sous ses haillons. Ma foi! à la grâce du diable! je n'oserais pas tuer un homme ici... il fait trop noir.

L'instant d'après, il descendait Before-Lane dans la direction de Bow-Street. Il marchait, confiant, dans ce noir coupe-gorge où un honnête homme n'eût pas fait un pas sans trembler. Tout en marchant, il réfléchissait profondément.

— Diable! diable! se disait-il, c'est durement embarrassant : cent livres de Bishop, deux cents livres de l'intendant, voilà qui est joli... Mais la petite ne peut servir de *sujet* au docteur Moore et de jouet au comte en même temps. Il faut être juste : ça n'est pas possible... Et pourtant, j'ai promis à Bishop ; j'ai promis à cette sangsue de Paterson... Manquer de parole à Bishop, ce serait risquer sa peau... faire faux-bond à Paterson, c'est perdre cent cinquante livres... Diable ! diable !

Le pauvre Bob se torturait en vain la cervelle pour sortir de ce pressant dilemme. Tout-à-coup il s'arrêta et frappa joyeusement ses mains l'une contre l'autre.

— Sot que je suis ! s'écria-t-il ; elles sont deux... Elles sont deux, les pauvres chères filles ! la petite quêteuse à milord ; sa sœur au docteur Moore... Ils seront contens tous les deux, et moi j'aurai tenu mes engagemens comme un honnête et loyal garçon... Voilà une famille de bénédiction !...

XXVI

UNE ÉTRANGE AVENTURE.

Lady Jane B... ne dormit point cette nuit-là.

Le lendemain, elle reçut à son lever deux lettres à la fois.

Voici quel était le contenu de la première :

« Madame,

» Je vous envoie vingt mille livres en billets de la banque d'Angleterre. Je sais que ce matin même vous aurez le moyen de les échanger contre le diamant ; mettez, je vous prie, ces moyens, quels qu'ils soient, en usage.

» S. M., mon royal frère, ne sait point pardonner certaines faiblesses. J'aime mieux perdre de l'or que sa précieuse estime.

» Ceci, chère lady, est de votre part un malheur et non point une faute. Veuillez me croire toujours et plus que jamais votre soumis serviteur. » FRÉDÉRICK. »

Cette lettre était de S. A. R. Frédérick de Brunswick, duc d'York et d'Albany, comte d'Ulster, évêque d'Osnaburg, etc., etc.

Lady Jane B...., jolie femme de trente ans ou quelque peu davantage, plia cette première lettre en poussant un grand soupir et ouvrit la seconde, qui contenait ces mots :

« Milady,

» D'après le caractère honorable de S. A. R., sa position particulière et la démarche que nous avons tentée auprès de lui, nous sommes fondés à penser que vous recevrez ce matin vingt mille livres en billets de la banque d'Angleterre.

» Mettez, s'il plaît à V. S., cette somme

dans un fiacre qui stationne en ce moment même devant la grille de votre maison, et faites-vous conduire, — seule, — devant Saint-Paul.

» Si vous tardez d'une heure, le diamant sera sur la route de Brighton, — et il nous sera, milady, fort malaisé de le faire revenir de France, quel que soit notre passionné désir d'être agréables à Votre Seigneurie. »

Point de signature.

Lady Jane B... agita violemment sa sonnette.

— Betty, dit-elle à sa femme de chambre, allez voir ce qu'il y a dans la rue devant la porte de la maison... Allez!

— Ce qu'il y a, milady!...

—Allez, vous dis-je!

Betty sortit et revint quelques secondes après tout essoufflée.

— Milady, répondit-elle, il n'y a rien.

— Rien, Betty?... Vous êtes sûre?

—Sûre, milady... Rien qu'un fiacre dont le cocher m'a regardée!...

— Un fiacre! répéta lady B... d'une voix étouffée ; — sortez Betty !

Lady Jane B... se prit à parcourir sa chambre à grands pas.

— Que faire? murmurait-elle avec agitation ; — comment se fier à des gens de cette sorte?... Qui sait si les vingt mille livres du prince n'auront pas le même sort de la bague? Mais la lettre de S. A. R. est positive : il attend de moi cette démarche : donc il a quelque raison d'avoir confiance... et, si je tarde, tout peut être perdu !

Elle sonna de nouveau et se fit habiller à la hâte.

— N'a-t-on rien apporté avec cette lettre? demanda-t-elle ensuite.

— Si fait, milady... J'ai mis sur la toilette de milady un petit coffret de palissandre...

— Donnez!

Betty apporta le coffret. Lady Jane l'ouvrit et le trouva plein de bank-notes ; elle le referma à clé.

— Portez cela dans le fiacre, dit-elle.

— Dans le fiacre, milady?

Lady Jane frappa du pied avec colère.

— Dans quel fiacre? reprit Betty... Ah ! que milady me pardonne !... dans le fiacre qui...

— Allez !

Quand Betty fut partie, lady Jane B... jeta sur ses épaules un cachemire et s'élança sur les traces de sa servante, parce qu'elle venait de penser que le fiacre pourrait bien partir avec le coffret.

Il est de fait qu'en ce monde il se passe des choses plus étranges que celles-là.

Elle monta dans le fiacre et ferma la portière sur le nez de Betty qui eût donné trois mois de ses gages pour savoir un peu ce qu'il y avait derrière ce mystérieux départ.

A peine lady Jane B... était-elle dans le fiacre, que le cocher fouetta ses chevaux et prit le trot sans demander où il fallait aller.

On ne peut dire que lady Jane B... eût agi avec précipitation ou imprudence. Elle n'avait pas le choix ; les circonstances l'avaient violemment et irrésistiblement poussée. Lorsqu'elle se trouva seule en cette voiture qui allait elle ne savait où, dont le cocher n'attendait point ses ordres, elle sentit revenir avec une énergie nouvelle tous ses doutes et toutes ses craintes.

Seule, avec son trésor, elle allait trouver des gens qui faisaient métier du vol. N'y avait-il pas tout à redouter ?

Mais comment reculer maintenant? N'était-elle pas déjà trop engagée ? et ce cocher ne refuserait-il pas d'entendre sa voix ?

Lady Jane, dans cette extrémité, fit ce qu'ont coutume de faire tous les caractères faibles : elle lassa son intelligence et sa volonté à force de balancer laborieusement le pour et le contre, puis elle s'endormit dans l'apathie de sa fatigue morale et laissa dériver les événemens à la garde de Dieu.

Le fiacre avait traversé le West-End et gagné Fleet-Street. Il poursuivit sa route par Ludgate-Hill et s'arrêta dans Church-Yard (cour de l'église), à gauche de la basilique de Saint-Paul. — Il y avait, non loin de là, un brillant équipage dont les portières fermées portaient pour écusson les armes de Dunois. Au moment où le fiacre s'arrêtait, le cocher de l'équipage descendit de son siége et ouvrit la portière. Le marche-pied, abattu, permit à une toute petite femme, emmitouflée dans une douillette de satin ouatée et bordée de fourrures, d'atteindre le pavé, sur lequel elle se prit à sautiller en évitait la boue avec une adresse de chatte.

Cette petite femme se dirigea vers le fiacre.

Le cocher de ce dernier véhicule descendit à son tour et ouvrit la portière.

La petite femme exécuta trois révérences à l'adresse de lady Jane, et dit avec un accent italien tout à fait extravagant :

— Zo souis la servante oumillissime de la Vostre Altesse, et si ladite Vostre Altesse veut bien permetterlomi, ze pousserai l'audace zousqu'à prendre place auprès de sa personne illustrissime.

Lady Jane B... jeta un regard étonné sur

cette vivante caricature. Elle s'attendait à une tragédie, et l'aventure commençait comme une farce grotesque. En certaines situations d'esprit, toute diversion soulage. Lady Jane se sentit un poids de moins sur le cœur.

La petite femme, cependant, escalada lestement le marche-pied du fiacre et s'assit en face de lady Jane, non sans se confondre en d'innombrables salutations.

— Zo souis, dit-elle, s'il plaît à la vostre rispettabile échellenze, la contessa Cantacouzène, veuve d'un cousin-germain de la Sainteté de Notre Père en Rome... La vostre éminentissime échellenze peut avoir en moi toute confiance, et croire que le mien cœur a pour elle oune tendresse réalmente maternelle.

— Où me conduit-on? demanda lady Jane.

— Signora si! Dieu m'est témoin que zo me zetterais au milieu d'un brasier ardent pour faire oune piccolissimo piacere à la Vostre Altesse illustrissime.

— Je vous demande, madame, où l'on me conduit? répéta lady B...

— Signora si!... z'atteste la mère de Dieu très glorieuse, et San Pietro di Roma, le béatissime patron de feu le mien époux, il conte Cantacouzène, que la Vostre Altesse a en moi la plus dévouée des esclaves.

Ce disant, la petite femme saisit la main de lady Jane qu'elle porta brusquement à ses lèvres. Lady Jane tressaillit et la regarda, effrayée. Elle n'osa point répéter sa question, convaincue que sa compagne raillait impitoyablement ou était folle.

Elle se sentit alors prendre de frayeurs nouvelles, et, involontairement, ses yeux se tournèrent vers l'une des portières comme pour appeler du secours. Le fiacre avait rétrogradé et longeait l'un des côtés de Lincoln's-Inn-Fiels. Lady Jane reconnut parfaitement ce square et ses alentours.

Mais au moment où elle achevait de s'orienter, la petite femme tira de son manchon une main blanchette, frileuse, desséchée, et tira un cordon qui fit tomber sur la glace de la portière un rideau de laine rouge, impénétrable à l'œil.

D'instinct, lady Jane B... tourna son regard vers l'autre portière.

Mais c'est à peine si elle put apercevoir l'angle de Gate-Street. Les doigts agiles de la petite femme l'avaient prévenue, et un second rideau de laine tout aussi opaque que le premier intercepta le jour de cet autre côté.

Lady Jane B... retomba terrifiée au fond du fiacre. Elle se vit tout-à-coup séparée de ce monde vivant en plein soleil, surveillé par la loi et protégé par elle ; elle se vit déjà à la merci de ce monde occulte et ténébreux dont elle avait entendu parler souvent et auquel elle avait à peine voulu croire, qui est l'ennemi de la loi et de tout ce que la loi protége.

Puis, rendue courageuse par l'excès de la peur, elle se redressa et voulut soulever l'un des rideaux.

Les doigts de la petite femme, froids et durs comme des doigts d'ivoire, s'incrustèrent dans la chaire potelée de son bras.

— Que la Vostre Altesse ne prenne point tant de peine, dit la petite femme ; — il n'est pas décent que le public puisse voir ainsi, dans ce modeste équipage, les nobles traits de la vostre échellenze.

— Mais, au nom du ciel! s'écria lady Jane, où veut-on me mener?

— Signora si!... les très nobles traits du radieux visage de la Vostre illustrissime Altesse... Je crois que la vostre altesse a parlé? J'aurais dû lui apprendre tout de suite que Dieu m'a enlevé l'usage de mes oreilles...

— Sourde! murmura lady Jane, qui dut perdre dès lors tout espoir de la fléchir ou d'obtenir réponse.

— Signora si! reprit la petite femme; — le mien noble époux, il conte Cantacouzène, disait... Mais qu'importe cela?... si la vostre sérénissime échellenze a désir de descendre, je ne la retiens pas... à Dieu ne plaise!... Seulement ladite vostre altesse s'en ira les mains vides...

Lady Jane tâta précipitamment la banquette à l'endroit où elle avait déposé le coffret. Le coffret avait disparu.

— Mon Dieu, mon Dieu ! murmura-t-elle.

— Si, au contraire, reprit la petite femme avec une imperturbable aménité, — la vostre échellenze veut rester ici, il faut qu'elle veuille bien ne point toucher à ces rideaux qu'on a mis là exprès pour elle.

Ces derniers mots seuls furent prononcés d'un ton équivoque. Lady B..., dont l'œil commençait à s'habituer au jour douteux qui régnait dans l'intérieur du fiacre, porta ses regards sur l'étrange compagne que lui imposait la nécessité. Elle vit la petite femme, enfoncée, emmaillottée dans la soie et les fourrures de telle sorte qu'on ne pouvait apercevoir que ses yeux et son front. Ses yeux souriaient et rayonnaient une sorte de lueur propre, comme les yeux des quadrupèdes de la race féline.

Lady Jane frissonna et baissa ses paupières pour ne plus voir ces deux prunelles faiblement lumineuses qui brillaient diaboliquement dans l'obscurité.

La petite femme ne disait plus rien. — La course se poursuivait en silence. Lady B... écoutait avec une sorte de désespoir tout ce bruit du dehors, cette vie commune dont elle n'avait jamais apprécié les avantages et qu'elle eût payée maintenant à n'importe quel prix.

Elle se taisait, écrasée sous la domination de cette puissance mystérieuse qui avait mis le pied sur sa tête. — Elle savait désormais la plainte inutile et elle n'osait point agir.

La course continuait. Le fiacre allait au milieu des bruits de toute sorte qui emplissent du matin au soir les rues de Londres. Cela dura long-temps. — Ensuite le bruit diminua, puis il cessa tout-à-coup. Les roues ne sautaient plus sur le pavé, elles glissaient à travers une boue gluante et tenace.

— Nous approchons, dit la petite femme.

Presque aussitôt après, le fiacre s'arrêta et la portière s'ouvrit.

— La Vostre Altesse peut maintenant regarder tant qu'elle le voudra, dit la petite femme avec un sourire aimable ; — qu'elle daigne m'attendre une minute.

Le cocher présenta son bras; la comtesse Cantacouzène descendit et sautilla dans la boue jusqu'à la maison voisine.

C'était une étrange maison.

Point de porte. Rien qui annonçât qu'on pût y pénétrer autrement que par escalade, et encore l'escalade eût été chanceuse, car toutes les fenêtres, fermées de forts contrevens, présentaient uniformément un rempart de bois inexpugnable.

Lady Jane, empressée de profiter de la permission donnée, s'était penchée hors de la portière et avait jeté autour d'elle d'avides regards.

Elle ne reconnut rien. Devant elle était la maison dont nous avons parlé, haut et large édifice en assez piteux état et d'un aspect parfaitement lugubre. A droite et à gauche de cette maison, des masures en ruines et qui ne pouvaient évidemment être habitées ; en face, de hauts murs, au dessus desquels passaient de longues branches d'arbres dépouillées de leurs feuilles.

Le brouillard commençait à tomber. Les deux côtés de la rue étaient comme bouchés par une barricade de brume.

La course avait duré bien long-temps. Ce lieu devait être fort éloigné de Saint-Paul; voilà tout ce que put conclure lady Jane; encore cette conclusion n'était-elle rien moins que rigoureuse, car le fiacre, pour la tromper, avait pu tourner autour du point de départ et allonger à dessein la route.

De sorte que la permission octroyée à lady B… fut complétement illusoire. — S'il eût pu en être autrement, nous croyons pouvoir affirmer que la permission ne lui aurait point été donnée.

En désespoir de cause, elle attacha ses regards sur sa compagne de route.

Celle-ci se livrait à un manége fort étrange. Elle essayait, en se dressant sur la pointe du pied, d'atteindre un petit trou percé dans le volet d'une des fenêtres du rez-de-chaussée et n'y pouvait point parvenir. Enfin, elle appela le cocher qui, la prenant à bras le corps, l'éleva jusqu'au trou désiré.

Elle y appliqua la bouche et poussa un petit cri d'appel.

— *Who's there?* (qui vive?) gronda une grosse voix derrière le volet.

— *Donna della notte, carissimo mio*, répondit la petite femme par le trou du volet.

La voix de l'intérieur se tut.

Lady Jane ne pouvait distinguer les mots prononcés. Tout cela lui semblait atteindre les limites les plus bizarres de l'impossible. Elle se croyait presque le jouet d'un rêve fantastique et insensé.

— Eh bien! eh bien! reprit la petite femme d'un ton colère.

— Parlez-leur en bon anglais, pardieu! dit le cocher; — il y a là plus d'un brave garçon qui ne comprend pas votre français du diable!

— *Gentlewoman of the night!* prononça la petite femme d'assez bonne grâce.

Puis elle ajouta entre ses dents :

— Ma foi ! on me fait parler tant de langues, que je m'y perds, à la fin.

— *Well!* répondit-on à l'intérieur. — *Take care!* (gare !)

Le cocher et la petite femme se rangèrent. Ce soin n'était pas superflu. Les deux contrevens s'ouvrirent en effet brusquement, et l'appui de la fenêtre, qui était en bois peint de manière à figurer la pierre, s'abaissant au même instant comme le marche-pied d'une voiture, livra un large et commode passage.

XXVII

LE PURGATOIRE.

Lorsque cette singulière maison, qui semblait si bien morte et inhabitée avec ses fenêtres hermétiquement closes et son mur rougeâtre sans traces de portes, donna tout-à-coup signe de vie et ouvrit ses flancs, pour ainsi dire, afin de livrer passage aux visiteurs qui se présentaient, lady Jane B... crut de plus en plus qu'elle rêvait. Ce fut la petite vieille femme qui se chargea de lui démontrer la réalité de tout ce qu'elle avait vu.

— Faites le tour, Joe, dit-elle au cocher, et allez nous attendre devant la grille.

Puis, s'avançant vers le fiacre, elle tendit sa main blanche et ridée à lady Jane.

— Que la Vostre Altesse veuille bien faire diligence, ajouta-t-elle en saluant profondément ; — cette entrée ne reste jamais longtemps ouverte.

Lady Jane descendit et la vieille femme lui remit le petit coffre en palissandre, qu'elle avait dextrement caché sous sa douillette.

— Voilà le bien de la vostre sérénissime échellenze, dit-elle. J'ai voulu lui épargner la peine de s'en occuper tant qu'a duré le voyage.

Et comme lady Jane hésitait à s'engager dans les ténèbres épaisses et vides qui régnaient au delà de la porte improvisée, la petite femme exécuta une cérémonieuse révérence et reprit :

— Que la Vostre Altesse veuille bien passer la première et me permettre de lui faire les honneurs... zo souis de la maison.

Lady Jane, surmontant ses frayeurs, franchit le seuil. La petite vieille femme la suivit de près, et tout aussitôt un fracas de planches heurtées violemment l'une contre l'autre, retentit derrière elles. Lady Jane se retourna. La porte avait disparu; le mur s'était reformé. De toutes parts, à droite, à gauche, devant, derrière, une opaque et complète obscurité régnait autour d'elle.

— Où suis-je ? prononça-t-elle tout bas et d'une voix tremblante.

— A gauche ! marchez à gauche, milady, dit la grosse voix qui avait répondu derrière les volets au mot d'ordre de la comtesse Cantacouzène ; — si vous faisiez un pas à droite, voyez-vous, du diable si je répondrais de votre cou !

— Eh bien ! la Vostre Altesse est-elle changée en statue? demanda de loin la petite femme.

— Où êtes-vous, madame? où êtes-vous? s'écria lady Jane. — Je ne puis vous suivre.

Eperdue, elle fit quelques pas au hasard; un bras robuste la saisit tout-à-coup dans l'ombre.

— Elle y allait, ma foi ! elle allait droit au trou ! dit la grosse voix avec un rire brutal. — Quand je vous dis, milady du diable, d'appuyer sur la gauche si vous ne voulez pas faire un petit saut de quarante pieds... Allons! à gauche, morbleu !

Lady Jane marcha dans cette nouvelle direction, machinalement et avec ce calme factice que donne parfois la frayeur poussée à l'extrême.

Elle entendit, à dix ou douze pas en avant, une porte s'ouvrir. Au même instant, une lueur rougeâtre se montra, et un écho dissonnant, composé de mille bruits confus, arriva jusqu'à son oreille.

La porte qui donnait passage à tout cela, lueur et bruit, s'ouvrait au dessus d'un petit escalier de trois marches. La vieille femme était debout sur le plus haut degré.

— Que la vostre échellenze sérénissime ne s'étonne de rien, dit-elle; nous allons traverser un lieu qui n'est pas des plus agréables à voir, mais ce sera l'affaire d'un instant, et zo m'engage à far rispettar la Vostre très illustre Altesse.

Lady Jane franchit les trois degrés et la porte. A peine fut-elle engagée dans un étroit corridor qui venait ensuite, que les bruits redoublèrent. C'était un pêle-mêle de voix, chantant, causant, criant, blasphémant.

En même temps, l'atmosphère changea subitement de température. Au lieu de l'humidité glaciale qui régnait dans la pièce d'entrée, c'était maintenant un air chaud, tout plein de vapeurs grasses et fades, qui arrivait par suffocantes bouffées.

Ces nauséabondes émanations agirent immédiatement sur le tempérament délicat et déjà fortement ébranlé d'ailleurs de la pauvre lady Jane. Elle s'arrêta, incapable de faire un pas de plus.

— Qu'y a-t-il? s'écria la petite femme ; — qu'à donc la vostre échellenze ?... *Oun piccolo disgusto!...* Ce ne sera rien !... Cette odeur, qui n'est pas séduisante, zo suis forcée d'en convenir, vient de la cuisine de ces pauvres gens... Il faut bien qu'ils mangent, et la Vostre Altesse ne peut ésizer qu'on les fasse mourir de faim.

Tout en parlant, elle avait mis son flacon sous le nez de lady Jane.

— Oun poco de courage ! reprit-elle ensuite ; — la vostre échellenze a fait le plus difficile.

Lady Jane se remit en marche sans mot dire. Elle était d'une effrayante pâleur, mais son pas n'avait rien de faible ou de chancelant. L'état d'atonie morale où elle se trouvait lui sauvait en partie la détresse qu'eût éprouvée dans la même situation toute femme de sa caste.

Le bruit augmentait sensiblement et atteignait les bornes de la cacophonie la plus révoltante. C'était un sabbat véritable, et bientôt il éclata, diminué seulement par l'interposition d'une porte en assez triste état.

La petite femme ouvrit la porte.

Lady Jane se boucha aussitôt les oreilles; puis elle retira ses mains de ses oreilles pour protéger ses narines contre l'horrible odeur qui venait de la suffoquer tout-à-coup.

Ses yeux s'étaient instinctivement fermés.

— Oun pochissimo de courage! répéta la petite vieille.

Lady Jane releva ses paupières avec effort.

Ce qu'elle vit, ce qu'elle entendit, ce qu'elle sentit ne se peut point décrire exactement. Le livre s'échapperait des mains du lecteur si nous nous permettions une peinture quelque peu fidèle.

Il est des teintes qu'il faut savoir adoucir (1).

---

(1) Nous croyons devoir rappeler au lecteur que nous ne

Le lieu où venait d'entrer lady Jane B... était une grande salle carrée, sans meubles d'aucune espèce. Tout autour, le long des murailles, il y avait une sorte de litière composée de paille souillée, brisée, moulue pour ainsi dire par un trop long usage, et dont les débris se mêlaient çà et là à la poudre épaisse qui couvrait partout le sol. — Sur cette paille on voyait, étendue, toute une horrible population, sale, atrophiée, misérable, où tous les âges et sexes étaient représentés. Il y avait là des jeunes femmes dont les traits, correctement dessinés par la main du Créateur, avaient pris, sous

---

faisons par ici de l'imagination. Si invraisemblables qu'ils puissent paraître, tous ces détails, comme ceux déjà publiés sur la grande *famille* des voleurs de Londres, sont historiques et d'une effrayante exactitude. Voir plus bas la note sur les *Purgatoires*.

l'effort d'un vice en quelque sorte originel, une expression repoussante ; il y avait des jeunes filles taillées sur le modèle de la pauvre Loo, qui chantaient, demi-nues, couchées sur leur fumier, auprès d'un vase contenant à coup sûr quelque boisson enivrante; il y avait enfin des vieilles femmes dont aucun terme connu ne saurait rendre le repoussant aspect.

Les hommes étaient en nombre moindre, et peut-être moins hideux, parce que la dégradation de l'homme a des limites plus restreintes que la chute de la femme, — ou peut-être parce que la chute de la femme nous paraît plus profonde en raison de l'idolâtre respect que nous inspira la première femme aimée, cet ange qui rayonne la candeur, l'amour, les douces consolations, au coin le plus précieusement chéri de notre mémoire, en raison surtout de la sainte auréole que nos souvenirs pieux mettent autour du front respecté de notre mère...

Mais, pour être moins hideux, les hommes n'étaient pas pour cela comparables à ce que l'on voit de plus squallide au grand jour des rues. C'étaient toutes physionomies portant la damnation écrite en lisibles caractères : regards faux et avides, mouvemens cauteleux, poses d'un effronté cynisme. Fange, fange odieuse, incurable, fétide !

Tout cela, hommes, femmes, enfans, se vautrait pêle-mêle, criant, blasphémant, se plaignant, chantant, ou lançant parmi le fracas général les rauques éclats d'une gaîté lugubre.

Dans un coin de la salle, une douzaine de fourneaux étaient allumés et envoyaient par leurs bouches ardentes la délétère vapeur de la houille, laquelle, après avoir parcouru la salle en tous sens, s'échappait par une ouverture carrée pratiquée au plafond. A l'odeur de la houille se mêlait l'arome fade d'une multitude de tranches de bœuf chauffant, bouillant ou grillant.

Puis c'était des odeurs mélangées à l'infini : de la bière, du gin, du porter, du rhum, du tabac...

Et point de fenêtres pour donner issue à ces émanations suffocantes, rendues plus infectes par l'haleine impure de plus de cent personnes entassées dans ce lieu immonde ; — rien que le trou de la cheminée.

Car la seule lumière qui éclairait cette géhenne, provenait du coke embrasé des fourneaux et de quelques lampes fumeuses.

A l'entrée de lady Jane et de sa compagne, ce fut un effroyable tintamarre dans toute la salle. Une douzaine de femmes à peine vêtues s'élancèrent vers elle en criant, et l'entourèrent d'une ronde réellement satanique.

Les hommes hurlaient des blasphèmes et des obscénités. Les enfans attachaient leurs mains souillées à la soie éclatante de sa robe ou tiraient impitoyablement son magnifique cachemire.

— Mes enfans ! mes enfans ! disait la petite femme, — la paix ! la paix !... On vous fera repentir de votre audace.

Un immense chœur de ricanemens répondait à ces représentations vaines.

Lady Jane, pétrifiée, se soutenait debout, nous ne savons pas comment ; ses yeux fixes ne voyaient plus. Ce mouvement, ce vacarme, tout cet infernal sabbat, en un mot, tournait confusément autour d'elle, sans éveiller dans son cerveau aucune sensation dont elle pût se rendre compte.

Elle ressentait à la tête une intense et sourde douleur, voilà tout ; l'excès de son martyre lui en sauvait les affreux détails.

Au moment où le tumulte atteignait son comble, et où la petite femme ne pouvait plus suffire à protéger sa compagne, qui, à coup sûr, était incapable de se protéger elle-même, une voix mugissante sembla sortir tout-à-coup de l'une des murailles de la salle.

— Silence! monceau d'ordures! silence, mes bons garçons! dit cette voix qui emplissait la salle comme le son du maître-tuyau d'un orgue ; — de par le diable! si vous ne restez pas tranquilles, je vous rogne le gin pour ce soir!

Cet ordre produisit un effet magique.

Les hommes se turent, les femmes regagnèrent vivement leur litière.

La voix mugissait encore le long des parois de la salle que déjà le silence s'était complétement établi.

Malgré son état d'insensibilité propice, lady Jane avait reçu une sorte de choc moral du son de cette voix qui réellement n'avait rien d'humain. Elle porta d'instinct ses yeux vers l'endroit de la muraille d'où elle semblait sortir et aperçut le pavillon béant d'un large conduit acoustique.

La petite femme s'était redressée d'un air victorieux.

— Zo savais bien que je les ferais taire, dit-elle ; — si la vostre échellenze veut prendre un petit peu de patienze, elle est au bout de ses aventures... Su (1), *figliuola del Diavolo*, viens ici !

Une femme, longue et maigre, se leva de la litière et vint à cet appel.

L'Italienne lui dit quelques mots, et Su, lui rendant le même service que tout à l'heure le cocher du fiacre, l'éleva jusqu'à la hauteur de la bouche de métal du conduit acoustique.

La petite femme y fourra sa tête embéguinée de dentelles et de soie.

---

(1) L'une des abréviations de Suzanne.

— *Hearken!* (écoutez), cria-t-elle.

— *We hearken* (nous écoutons), répondit-on.

— Bien! dit la petite femme; — c'est moi, la contessa Cantacouzène, qui voudrais parler à quelqu'un là-haut.

— A qui?

— A un simple gentleman, car j'amène avec moi une lady, et il ne faut pas que Leurs Seigneuries se montrent.

— C'est bien, dit-on encore.

Une minute environ se passa, qui sembla un long siècle à la pauvre lady Jane. Elle restait là, debout, immobile et réduite en aprence à un état d'insensibilité complète.

Au bout de ce temps, une petite porte, située immédiatement au dessous du conduit acoustique, tourna sur ses gonds et un groom en livrée parut sur le seuil. La comtesse Cantacouzène prit lady Jane sous le bras et la fit entrer dans un couloir que trois portes, situées à quelques pieds seulement l'une de l'autre et fortement garnies en fer, séparaient de l'infernal cloaque qu'elle venait de quitter.

La troisième porte, ouverte, laissa voir le grand jour.

Lady Jane poussa un soupir de soulagement et joignit les mains.

— Je croyais mourir là! murmura-t-elle.

Elle aspira le grand air qui circulait librement dans une large et belle galerie où elle se trouvait maintenant; elle l'aspira longuement et à pleine poitrine.

— Madame, demanda-t-elle ensuite avec une expression de terreur indicible; — me faudra-t-il repasser par cet enfer?

— Que la Vostre Altesse se rassure, répondit la petite femme qui oublia sa surdité; — nous prendrons pour nous retirer un chemin plus agréable... En tous cas, ce n'est pas un enfer, la vostre échellenze; c'est tout bonnement *un purgatoire* (1)...

---

(2) *Purgatoire* (*a Purgatory*). — Les voleurs de Londres,

Lady Jane passa la main sur son front et, frissonnant soudain de la tête aux pieds au souvenir de ce qu'elle venait d'éprouver, elle murmura :

— Oh! c'est horrible!... horrible!

— Le fait est, dit la petite femme, que ce

---

presque tous affiliés à une société dont la vaste organisation laisse bien loin derrière elle la charbonnerie, la franc-maçonnerie et autres antiquités, servent l'association tant qu'ils ne sont pas trop compromis avec la police. Quand ils sont enfin forcés de se cacher et que ce sont des voleurs d'importance, la société pourvoit magnifiquement à leurs besoins; quand ce sont des brigands infimes, des escrocs vulgaires, des bandits de peu, ils trouvent asile dans les ténébreuses retraites où s'entassent avec eux pêle-mêle les voleurs malades et les familles de condamnés, soutenus aux frais de l'association. Ces retraites, dont nous n'avons pas osé faire un tableau complet, se nomment en argot des *Purgatoires*, et les voleurs qui s'y confinent de peur de la prison, font preuve, à coup sûr, d'un goût détestable.

n'est pas un lieu de plaisance... Mais nous faisons entrer par là les étranzers qui daignent nous honorer de leur visite... C'est une habitude, la vostre échellenze très illustre, et une précaution.

— Horrible! répéta involontairement lady Jane, dont les nerfs avaient de la peine à se remettre de la secousse ressentie.

Au bout de la galerie se trouvait un vaste escalier. La petite femme en monta lestement les marches, suivie de lady Jane, et toutes deux se trouvèrent bientôt dans une antichambre où se tenaient deux grooms en livrée.

— Annoncez son échellenze sérénissime ed

illoustrissime la signora Jane B..., dit la petite femme, et son oumilissime servante, la contessa Cantacouzène, baronessa di Famagòsta in Cipria, signora del Arcipelago ed altri luoghi... Annoncez!

Le domestique entr'ouvrit la porte et commença de son mieux à défiler cet emphatique chapelet de noms.

— Tais-toi, Trim, âne bâté, tais-toi! honnête garçon que tu es, que diable! interrompit une voix qui avait d'évidens rapports avec le terrible organe que le conduit acoustique avait vomi dans le *Purgatoire*, mais qui se réduisait maintenant à des proportions humaines, voire presque bourgeoises; — ne peux-tu faire entrer cette coquine de Maudlin sans tant de façon, de par le nom de Satan!

— Cet homme est d'une brutalité insupportable! murmura la petite femme; — que la votre échellenze veuille bien se donner la peine d'entrer!

Lady Jane se vit introduite dans un assez grand salon, meublé avec une sorte de luxe. Au milieu de la pièce, une table ronde, recouverte d'un châle des Indes en guise de tapis, supportait des registres et papiers. Tout autour de la table, on voyait, rangés avec ordre, de riches et confortables fauteuils.

Il n'y avait qu'un seul personnage dans cette pièce. Ce personnage, vêtu d'un habit bleu à boutons noirs, d'une culotte chamois bouclant sur des bas de filoselle et chaussé de larges souliers non cirés, mesurait six pieds de long sur six pouces de large. Ce n'était rien moins que notre digne et débonnaire ami, le capitaine O'Chrane, Irlandais, et amant heureux de la belle tavernière des *Armes de la Couronne*.

— Bonjour, Maudlin, dit-il, en s'adressant à la petite femme ; — bonjour, rusée saltimbanque, ma chère amie... Milady, je vous offre mon respect, de par Dieu!... C'est-à-dire... Excusez-moi, madame, ou que le diable m'emporte !

Le bon capitaine n'avait pas précisément de prétentions au titre de dandy; mais quel homme n'est bien aise de faire croire qu'il possède de belles manières ? Paddy voulut affecter en cette occasion un laisser-aller de gentleman et se prit à faire le moulinet avec sa grosse canne d'une manière qui prouvait assurément beaucoup de savoir-vivre.

— Fi! monsieur! s'écia la petite femme; — ne pouvez-vous garder la décence convenable devant des dames!...

— Bien, Maudlin, que diable! chatte rusée, mon amie, interrompit le capitaine; — nous connaissons nos devoirs, diminutif de sorcière. Que milady veuille bien m'excuser, par le trou de l'enfer!

Il avança un siége, en inclinant, juste par le milieu, sa raide et longue taille.

— Asseyez-vous, ma chère lady, reprit-il, Dieu me damne, asseyez-vous... J'ai fréquenté, ou que Satan me berce! plus de duchesses et de pairesses, — ma foi! — qu'il n'en tiendrait en ce salon, et je sais comment on se conduit avec les femmes comme il faut... Asseyez-vous aussi, Maudlin, astucieuse femelle de paillasse, si cela vous fait plaisir... là!... Et maintenant, de par Dieu, — que le tonnerre m'écrase! — parlons affaires. Que voulez-vous?

XXVIII

AUX ÉCOUTES.

Lady Jane B... s'était assise. Elle en avait en vérité grand besoin, après la série d'émotions qui venaient de l'assaillir.

Ce fut la contessa Cantacouzène qui prit la parole.

La petite femme, véhémentement mortifiée du sans-façon avec lequel le bon capitaine se permettait de la traiter, saisit cette occasion pour le remettre à sa place.

— Monsieur O'Chrane, dit-elle du bout des lèvres, c'est une chose bien simple et arrangée d'avance entre Leurs Seigneuries et moi. Votre rôle, monsieur O'Chrane, doit se borner à compter des bank-notes... Et peut-être devriez-vous davantage vous souvenir de ce que vous êtes lorsqu'il vous arrive d'avoir affaire à certaines personnes...

Le capitaine la regarda, étonné.

— A vous, Maudlin! s'écria-t-il; est-ce de

vous, rusée commère, que vous voulez parler, de par Dieu ?...

— De grâce, monsieur O'Chrane, gardez le respect convenable...

— Du respect ! que Satan me grille comme une tranche de bœuf !... du respect, Maudlin, sac à mensonges, ma vieille et chère amie... du respect !... Et, au fait, de par Satan ! triste coquine, ma bonne, je n'ai aucune raison de vous refuser du respect... Que vous vous appeliez la comtesse Kent-Mac-Ushem, que diable, ou la duchesse de...

— Silence, monsieur !

— Ou mistress Beelzebuth, pardieu ! marquise des sept péchés capitaux, que le tonnerre m'écrase ! je n'y vois point d'empêchement, Maudlin, vieille pécheresse, mon estimable amie... Mais laissons cela... Vous me faites blasphémer comme un waterman ivre, fille de Satan, ma bonne, et je me vois forcé de faire de nouvelles excuses à milady, — que Dieu me damne !... Encore une fois, que voulez-vous ?

— Que la Vostre Altesse s'explique, dit la petite femme avec dépit : je ne ne veux plus parler à ce brutal.

—Brutal, tonnerre du ciel !... Brutal, Maudlin, vagabonde, comédienne, femelle de paillasse !.... Brutal, dites-vous, de par Dieu !... Eh bien ! Maudlin, ma chère, vous pouvez le dire et le répéter, si bon vous semble, je suis brutal avec vous, mais je sais me conduire avec les ladies... Voyons, milady, de par l'enfer! causons tous les deux comme une paire d'amis... Vous venez chercher un colifichet, un brimborion, une bague?...

—Un brimborion d'un demi-million! murmura la petite femme.

—Je ne vous parle pas, Maudlin, effrontée bavarde... Vous venez chercher, milady, tonnerre du ciel! une bague qu'on vous a empruntée, pardieu! au théâtre de Covent-Garden... Le petit drôle qui a fait le coup est un misérable enfant, digne de toute notre estime, ma foi!... Quant à la bague, je l'ai dans ma poche, ou que le diable fasse tourner mon âme comme une toupie de six pences, durant l'éternité tout entière !

Lady Jane B... tendit le coffret de palissandre au capitaine.

— Voici de quoi la racheter, monsieur, dit-elle d'une voix timide.

— Vous voyez, Maudlin, s'écria le capitaine ; voici une véritable lady qui me salue en parlant, saltimbanque damnée... Merci, milady, merci, que diable, ma chère dame... Cette petite boîte est fort jolie, et je sais quelqu'un à qui elle fera un sensible plaisir... Combien y a-t-il dedans, s'il vous plaît ?

— Vingt mille livres, monsieur.

— Voyez, Maudlin, si cette lady ne m'appelle pas monsieur, de par l'enfer, aussi souvent qu'il le faut... Il y a toujours avantage, ou que Satan me brûle ! à converser avec des personnes de bonne compagnie.

Le capitaine ouvrit le coffret, mit sur son nez mince, maigre et busqué, une paire de lunettes en pince qu'il tira d'un vieil étui de cuir et se prit à compter minutieusement les bank-notes.

Tandis qu'il se livrait à ce travail, on entendit un sourd bourdonnement qui s'enfla rapidement et grandit jusqu'à devenir un mugissement rauque et assourdissant.

Ce bruit, d'une nature étrange, et dont lady Jane ne se souvenait point d'avoir entendu jamais le pareil, arrivait aux oreilles, confus et comme mélangé de mille élémens divers, par une bouche de métal semblable à celle que nous avons vue dans le *Purgatoire*.

— Quarante, quarante-cinq, cinquante, grommela le capitaine ; — dites à cette ruche immonde de rester en paix, Maudlin, je vous prie... cinquante-cinq, soixante...

La petite femme essaya d'obéir, mais sa courte taille la trahit encore une fois ; elle ne put atteindre le pavillon du conduit acoustique.

— Soixante-cinq, reprit le capitaine ; —

montez sur une chaise, Maudlin, de par Dieu!
Soixante-dix... Milady, voici une bank-note
de dix livres qui m'a tout l'air d'être de mauvais aloi.

Le vacarme redoublait cependant. On dis-
tinguait de menaçantes vociférations et d'hor-
ribles plaintes. — Le capitaine ne bougea pas.
Il examina attentivement le billet suspect, le
tâta, le fit passer devant le jour et secoua la
tête d'un air mécontent.

— Du diable si cette bank-note est bonne!
dit-il.

—Au nom du ciel, monsieur! dit lady Jane,
épouvantée par les atroces clameurs que le

conduit jetait, par torrens de vibrations, dans la salle, que se passe-t-il ici?

— Ce n'est rien milady, rien du tout, le diable m'emporte... Deux coquins qui s'égorgent là-bas probablement... Ne faites pas attention.

— Et ne pourriez-vous donc l'empêcher, monsieur?

— Si fait, milady, ma foi! pour peu que ce bruit vous gêne... mais voyez si vous n'auriez pas une autre bank-note dans votre portefeuille.

Paddy se leva, posa ses lunettes sur la table, écarta sans trop de façons la contessa

Cantacouzène, qui se trouvait sur son passage, et mit sa bouche dans le conduit.

— Vous tairez-vous, rebuts de Newgate! cria-t-il; je suis tenté de vous mettre à la demi-ration pendant huit jours.

On n'entendit plus rien.

— Y a-t-il quelqu'un de tué? cria encore le capitaine.

— Jock et Billy, répondit la voix du *Purgatoire*.

— Deux? grommela Paddy; — que le diable les emporte!

Il revint vers la table où lady Jane, tremblante et rendue à ses craintes par ce funèbre incident, lui tendit silencieusement une bank-note de dix livres qu'elle venait de prendre dans son portefeuille.

Le capitaine poursuivit son addition, droit, raide, grave et les lunettes sur le nez.

Quand il eut essayé, tourné, retourné la dernière bank-note, il ôta ses lunettes et remit les billets dans le coffret.

— Vingt mille! grommela-t-il; — elles y sont, sur ma foi!... cet avorton de Snail mérite bien ses dix livres... Milady, voici votre bague...

— Permettez! dit la petite femme qui s'élança et saisit la bague au moment où lady Jane avançait la main pour la prendre... Zo me charge de la remettre à la sienne échellenze !

— Que prétendez-vous ? demanda lady Jane avec inquiétude.

— Que la Vostre Altesse ne craigne rien... C'est un gage que ze garde zousqu'au moment où z'aurai l'honneur de prendre congé d'elle.

— Cela ne me regarde plus, dit stoïquement le capitaine; — arrangez-vous, Dieu me punisse, comme vous voudrez... Milady, que diable ! au plaisir de revoir Votre Seigneurie !... Bonsoir, Maudlin, aventurière éhontée, ma bonne amie....

La petite femme, sans répondre à cet irrévérencieux salut, prit le chemin de la porte avec lady Jane.

Dans l'antichambre, elle s'arrêta.

— Z'aurais, dit-elle, oune grâce à demander à la vostre échellenze.

— Quelle grâce, madame ?

— La Vostre Altesse pousserait-elle la condescendance jusqu'à me permettre d'attacher ce voile sur son front ?

Lady Jane ne répondit pas.

— C'est une petite formalité tout à fait indispensable, reprit la comtesse ; — et si la vostre échellenze zouze à propos de refuser, nous serons forcées d'attendre la nuit pour sortir d'ici.

— La nuit! répéta lady Jane effrayée; la nuit ici! — mon Dieu!... Faites, madame, faites ce que vous voudrez, et partons vite!

La petite femme déplia un voile de dentelle dont le tissu, rendu opaque par les broderies qui le surchargeaient, était en outre doublé de soie, et l'attacha fort adroitement sous le chapeau de lady Jane.

— Maintenant, dit-elle ensuite, je puis me rendre aux désirs de vostre échellenze... partons!

Elles descendirent les marches d'un escalier.

Lady Jane voyait confusément le jour à travers le voile qui couvrait son visage, mais elle ne pouvait nullement distinguer les objets; au bas de l'escalier, le vent frais qui vint la frapper lui apprit seulement qu'elle sortait de la maison.

Quelques minutes après, elle se retrouvait assise sur la banquette du fiacre, dont les rideaux rouges étaient toujours fermés. La petite femme l'aida complaisamment à détacher son voile.

— La Vostre Altesse pardonnera, dit-elle, toutes ces petites précautions. Ce n'est pas que nous n'ayons en elle la plus absolue confiance, mais le hasard aurait pu faire... tandis que comme cela, comme la vostre échellenze très sereine n'a pas vu les abords de notre petit établissement, elle n'aura point sujet de commettre des indiscrétions involontaires.

Le fiacre marcha pendant une heure environ. La petite femme parla ou se tut, ce qui était tout un pour lady Jane. Celle-ci, en effet, éprouvait une sorte d'éblouissement tenace et prolongé. Tout ce qu'elle venait de voir tournait tumultueusement autour de son imagination frappée. Elle voyait s'agiter les hideuses figures du *Purgatoire*; la voix mugissante tonnait à son oreille; elle entendait cette autre voix mystérieuse qui avait monté des profondeurs inconnues, apportant les noms de deux hommes morts !

Le fiacre s'arrêta enfin ; les deux rideaux de laine rouge s'abaissèrent. On était devant l'hôtel de lady Jane, qui demeurait immobile et semblait ne rien voir.

— Si la vostre échellenze veut descendre, dit la petite femme avec un salut respectueux, — voici sa maison.

Lady Jane ne bougea pas.

La contessa Cantacouzène se permit de lui prendre la main, qu'elle pressa doucement.

— Voici le diamant de la Vostre Altesse très illustre, poursuivit-elle.

Lady Jane laissa tomber sur la bague son regard morne. Mais aussitôt qu'elle l'eut aperçue, la mémoire lui revint brusquement. Elle la saisit avec une avidité irraisonnée, sauta dans la rue sans le secours du cocher qui lui tendait la main, et monta précipitamment les degrés de sa maison, à la porte de laquelle elle frappa sans relâche jusqu'à ce qu'on lui eût ouvert.

Avant d'entrer, elle jeta derrière elle un regard d'indescriptible terreur.

— Addio! la vostre échellenze, addio! dit doucement la contessa Cantacouzène.

Puis elle ajouta, en s'adressant au cocher :

— Wimpole-Street, Joë! au galop! nous sommes en retard.

Joe fouetta ses chevaux à tour de bras : le fiacre sauta convulsivement sur le pavé, éclaboussant au loin les passans des trottoirs, et s'arrêta enfin devant le n° 9 de Wimpole-Street.

— Qu'on prépare la voiture dit la petite femme au groom qui lui ouvrit. — Où est ma nièce?

— Madame la princesse est dans son boudoir avec un gentleman, répondit la femme de chambre française.

— Ah!... et milord?

— Milord est en haut, madame la duchesse ; je viens de l'introduire... Annoncerai-je madame la duchesse à madame la princesse ?

— Non... montez à ma chambre, je vais m'habiller.

La contessa Cantacouzène, qui était la petite duchesse de Gèvres, ce qui ne l'empêchait pas d'être aussi d'être Maudlin, comme l'appelait le bon capitaine Paddy O'Chrane, gagna l'étage habité par sa nièce, la veuve de feu le regrettable prince Philippe de Longueville. Là, au lieu d'entrer par la principale porte de l'appartement, elle prit une sorte de guichet latéral qui s'ouvrait sur les marches même de l'escalier, et entra dans un étroit corridor, au bout duquel se trouvait un cabinet noir. Vis-à-vis de la porte de ce cabinet, on voyait seulement une lueur douteuse, produite par quelques petits trous ménagés dans le verre noirci au vernis d'un large œil-de-bœuf.

La petite Française mit son œil à l'un de ces trous et vit, à trois pas d'elle, dans la chambre voisine, Brian de Lancester et la princesse, assis, l'un près de l'autre, sur un sopha.

— Voilà qui est au mieux, murmura-t-elle.

— Chut! fit une voix dans l'ombre.

— Ah! vous êtes là, milord?... Que disent ces tourtereaux?

— Ils se regardent, répondit milord.

— C'est fort spirituel! répliqua la petite Française en ricanant.

Milord disait vrai. Susannah et Brian se regardaient. Il y avait long-temps déjà que M. de Lancester était là, et c'est à peine s'ils avaient échangé quelques rares paroles.

Brian n'était plus l'homme de la veille, distrait, occupé par une idée fixe et prêt à jouer devant une salle comble l'audacieuse comédie de sa vengeance. Il était grave, il était recueilli; la passion qui s'imposait à lui, victorieuse, et à laquelle il ne se livrait qu'avec frayeur et doute, se lisait en lettres de feu dans ses regards charmés. Il craignait d'aimer trop et il avait raison de craindre, car il n'était point là en face de l'une de ces femmes, bourgeoises ou ladies, qu'on aime à ses loisirs, beaucoup ou peu, suivant les circonstances, qu'on idolâtre un jour de bonne humeur, qu'on rabroue un matin de spleen, qu'on reprend, qu'on quitte encore, et qui vous aident à tuer quelques unes de ces heures ennemies, où les plus doux se maudissent eux-mêmes, lorsqu'ils n'ont personne autre à maudire.

Susannah était une femme qu'il fallait prendre au sérieux, une de ces femmes qui envahissent votre vie et font leur place si large en votre cœur que toutes autres choses importantes ou futiles s'effacent et s'oublient.

Elle aussi regardait Brian tant qu'elle pouvait, et comme si elle eût redouté de perdre une parcelle du bonheur que lui donnait sa présence. Elle n'avait point changé depuis le soir précédent. Sa joie naïve ne se couvrait d'aucun voile de coquette pruderie. Elle laissait voir à nu son âme, où il y avait tant d'amour que les paroles étaient inutiles et n'eussent fait qu'apâlir ce que disait son regard.

Ils étaient ainsi tous deux : Brian craintif et s'effrayant de la pente où l'entraînait une passion qui, née de la veille, tyrannisait déjà sa volonté ; Susannah, confiante, heureuse, oubliant de longs mois de souffrance dans l'extase de ce premier jour de bonheur.

— Vous m'avez vu hier, dit enfin Brian ; vous m'avez compris et vous voulez m'aimer encore ?

— Si je le veux ! murmura Susannah ; — que Dieu est bon de n'avoir point fait de vous un meurtrier !

Leurs mains se rencontrèrent. Brian mit celle de Susannah sur son cœur.

— Roi ou mendiant, saint ou criminel, il aurait fallu que je vous aime, Brian, reprit-elle ; et si vous ne m'aimiez pas, je mourrais.

— Je vous aime, oh ! je vous aime, madame ! s'écria Brian avec une impétuosité qui faisait grand contraste à son flegme habituel. — Désormais, je ne puis que dire comme vous : il faut que je vous aime !... Je ne le voulais pas... ma vie n'est point de celles où l'amour ait une place commode... Je suis pauvre, et le peu que j'ai me vient d'une source étrange, précaire, ignorée... Je suis engagé dans une lutte folle qui doit me tuer quelque jour, et où la victoire même serait sans joie, madame... je suis enfin tout ce que ne sont point ceux qu'on aime et qui aiment...

— Et n'êtes-vous donc pas beau et noble, Brian, le plus noble et le plus beau?

Lancester sourit avec tristesse.

— C'est joli! dit tout bas la petite Française.

— C'est long, répliqua milord.

— Vous ne vous souvenez donc plus de vos belles années, Tyrrel?

— Au diable, Maudlin!.. Le fait est que c'est une admirable fille... Chut!... voilà ce fier-à-bras changé en tourtereau qui va roucouler!

— Nous serons malheureux, Susannah, dit Brian, et ce doit être une angoisse terrible que de vous voir malheureuse!... Mais, maintenant, cette angoisse me semble préférable à celle de ne vous point voir... Ecoutez... vous savez quelle est ma vie, et avec quelles armes, profitant de la folle faveur du monde, j'attaque mon ennemi, qui est mon frère... Il me reste à vous dire mon secret... mon seul secret.

Susannah se serra contre lui, reconnaissante.

Tyrrel et la petite Française tendirent avidement l'oreille.

XXIX

COMÉDIE.

Tyrrel l'Aveugle et la Française écoutaient.

— Je suis ruiné, reprit Brian de Lancester, si bien ruiné, madame, que mes ressources personnelles égalent à peine celles du plus pauvre mendiant.

— Je crois que je suis riche, moi, interrompit timidement Susannah.

— Et pourtant, poursuivit Brian, je vis comme mes pairs vivent; j'étale un certain luxe... Le temps de faire des dettes est passé pour moi. Nul ne voudrait me prêter... D'où pensez-vous que je tire mes moyens de vivre, madame?

— Je ne sais, répondit Susannah, qui aurait voulu revenir bien vite aux paroles d'amour.

— Je vais vous le dire... Vous seule au monde le saurez... Une main mystérieuse, madame, me jette chaque mois une périodique aumône.

— C'était cela son grand secret, grommela Tyrrel; j'avais, pardieu! mes raisons pour en savoir quelque chose.

— Ecoutez donc! milord, dit la curieuse petite femme.

— Chaque mois, continua Brian, par des moyens divers et toujours occultes, je reçois cent livres sterling.

— Et c'est cent livres de perdues, très honorable fou! grommela encore Tyrrel; mais le maître le veut et je m'en lave les mains.

— Ecoutez donc, milord! répéta madame

la duchesse douairière de Gêvres, comtesse de Cantacouzène, etc.

— Ces dons sont périodiques, reprit Brian; ils m'arrivent régulièrement et sans retard aucun. Ils ne m'ont jamais manqué, et, chose étrange! le premier paiement a eu lieu le jour même où ma ruine étant consommée, je me suis demandé, pour la première fois, ce qu'il me restait à faire en ce monde.

Brian prononça ces mots à voix basse et avec tristesse.

— Vous avez donc été près de la mort, vous aussi? murmura Susannah, dont les grands yeux noirs étaient humides.

— Je ne sais, dit Brian, qui baissa la voix encore et à tel point que Susannah fut obligée de se pencher vers lui pour entendre; — je ne sais, madame... Mon cœur était plein de haine, et le désespoir conseille mal... Mais il est mon frère, après tout, et Dieu m'aurait fait la grâce sans doute de mourir avant de frapper... Oui, madame, oh! je veux le croire! et vous, croyez-le... croyez-le! c'était près de la mort que j'étais, — et non pas près du crime!

Brian était pâle. Il y avait de l'égarement dans ses yeux fixes, et sa main froide tremblait par brusques secousses dans celles de Susannah.

— Brian, dit-elle, avec un doux accent de

prière, ne soyez pas triste auprès de moi; car je ne sais pas vous voir souffrir. Vous avez été malheureux, mon Dieu! vous, Brian!... Qui donc a le droit de se plaindre... Oh! que ne peut-on donner sa vie pour le bonheur de ceux qu'on aime.... Nous ne souffririons plus!...

A son tour, elle attira les mains de Lancoster et les serra passionnément contre sa poitrine.

— Hélas! reprit-elle, que suis-je pour vous consoler?.. Je n'ai que mon amour à vous donner, Brian, mais il est à vous, au moins, tout à vous! Si j'en distrais une part, c'est pour la reporter sur cette main discrète et amie qui...

— Ne parlons pas de cela! interrompit Lancester en fronçant le sourcil : je vous ai dit mon secret... Gardez-le, — même vis-à-vis de moi!... Savez-vous ce que c'est pour un gentilhomme, madame, que d'accepter une aumône?

— Non, dit Susannah, qui baissa les yeux timidement sous le regard hautain de Brian. — Vous ai-je offensé?... Vous souriez... Merci! oh! merci! J'étais bien forte hier... aujourd'hui, Brian, vous pourriez me tuer d'une parole.

— **Vous le voyez bien, madame**, reprit

celui-ci après un silence et en passant la main sur son front où perlaient quelques gouttes de sueur ; nous serons malheureux.

— Non !... Ecoutez ! s'écria tout-à-coup Susannah dont le beau visage rayonna ; — vous n'aurez plus besoin de recevoir... Je suis puissante, moi ! je l'avais oublié !... Brian, que je suis heureuse d'être riche !... Vous m'avez dit votre secret, je veux vous dire le mien : —Ecoutez ! écoutez !...

— Courez, courez, madame ! murmura Tyrrel en poussant la petite Française ; — il ne faut pas qu'elle prononce un mot de plus !

En même temps, il saisit une chaise à deux

mains et en frappa violemment le parquet. La chaise se brisa ; — mais Susannah, effrayée de ce bruit, se leva ainsi que Brian. L'entretien était rompu.

— Qu'est cela, madame? demanda Lancester avec soupçon.

Avant que Susannah eût pu répondre, la porte s'ouvrit et le nom de madame la duchesse douairière de Gêvres fut lancé dans le salon. La petite femme, suivant de près son nom, entra, bondissant, souriant et saluant.

— Ma chère enfant ; dit-elle, la voiture est attelée : je vous attends.

Susannah jeta un regard de regret vers Brian qui s'inclina et prit congé.

— Vous savez ce qu'on attend de vous, ma chère belle, poursuivit la petite douairière, lorsque Brian fut parti... C'est bien simple... moins que rien !... Si, par hasard, vous refusiez, ma fille, vous perdriez les bonnes grâces de vos protecteurs, et l'Honorable Brian...

— Qu'a-t-il à faire en ceci, madame? interrompit fièrement Susannah.

— Ne nous fâchons pas, mon amour... et l'Honorable Brian, disais-je, perdrait ses cent livres sterling.

— Quoi ! s'écria Susannah en pâlissant, — vous savez cela !

— C'est effrayant, mon amour, tout ce que je sais ! dit la petite femme d'un ton moitié sérieux, moitié plaisant.

Elle jeta un châle sur les épaules de Susannah, la coiffa elle-même en un tour de main et l'entraîna vers la grille où stationnait le brillant équipage aux armes de Dunois. Elles y montèrent toutes deux. Les nobles chevaux prirent le galop et ne s'arrêtèrent que dans Castle-Street, devant Dudley-House, demeure de Frank Perceval.

Madame la duchesse de Gèvres mit la tête à la portière.

— Tournez les chevaux du côté de Regent's-Street, dit-elle au cocher. Celui-ci obéit.

— Ma chère belle, reprit la petite femme en s'adressant à Susannah et après avoir consulté sa montre, — nous avons vingt minutes d'avance... Ce n'est pas trop, car les gens que nous attendons ne peuvent être envoyés à heure fixe... Ils vont venir dans dix minutes, peut-être... peut-être dans deux heures... mais ils vont venir.

Il s'était passé bien des choses durant cette matinée.

Le marquis de Rio-Santo, depuis le matin, n'avait pas quitté Trevor-House. Il y avait eu grand conseil entre lui et lady Campbell. Cette spirituelle femme, laissant à diverses reprises le marquis seul dans son boudoir, avait fait diverses excursions, soit dans l'appartement de miss Mary, sa nièce, soit dans celui de lord James Trevor, son frère.

Evidemment c'était un moment de crise. L'heure de l'assaut avait sonné. On voulait emporter la place de vive force.

Le marquis avait, d'autorité, imposé silence à sa poésie, à ses velléités chevaleresques, comme on renvoie en bonne stratégie, toutes les bouches inutiles à l'instant du combat.

Il était cuirassé, armé de toutes pièces, incapable de faiblir, prêt à tout. — Sa volonté avait marqué ce jour pour ses fiançailles officielles avec miss Mary Trevor. Il fallait que cela fût, n'importe par quels moyens et malgré tous obstacles.

Nous ne parlons pas de la pauvre Mary qui, malade de corps et faible de cœur, et indécise, et trompée, répondit à la demande formelle de sa tante par des larmes auxquelles lady Campbell ne put manquer de donner une excellente signification.

Nous parlons de lord James Trevor.

Cet excellent et loyal seigneur avait reçu dans la matinée une lettre qu'il n'avait communiquée à personne et après la lecture de laquelle il était tombé en détestable humeur.

— Pauvre Mary! murmurait-il, en parcourant les allées de son petit parc ; — je n'aurais jamais cru cela de ce coquin de Frank!... Mais au fait, pourquoi le croire?... Que signifie une lettre anonyme?... Rien du tout, pardieu! moins que rien!

En conséquence de cette proposition que nul de nos lecteurs ne songera sans doute à contredire, lord Trevor reprenait la lettre et la relisait attentivement.

Péché contre la logique auquel n'échappent point les gens les plus sages.

Et lorsqu'il avait lu, il froissait la lettre avec colère et reprenait son monologue.

— Le fait est disait-il, que Frank avait hier

un air préoccupé, distrait... Il avait cet air-là, je m'en souviens fort bien... Oh! c'est une chose positive, il-avait l'air... Pauvre Mary!... Mais, après tout, qu'importe! une lettre anonyme!... Et pourquoi Frank n'aurait-il pas le droit, pardieu! d'avoir l'air qu'il lui plaît?

Et lord Trevor pestait d'autant mieux qu'il se croyait obligé de chercher des raisons de ne pester point.

Lady Campbell l'aborda dans un de ces momens et ne tarda pas à prononcer le mot *mariage* qui, dans son esprit, était alors le mot important.

— Ne me parlez pas de ce misérable Frank, milady! s'écria lord Trevor, qui pensait que mariage et Franck ne pouvaient aller l'un sans l'autre, lorsqu'il s'agissait de sa fille ; — je veux mourir si sa conduite n'est pas une chose choquante au dernier point... Choquante et inexcusable, milady !

— Comment cela, mon frère ?

— Comment cela ?... Oui, très bien ! comment cela !... Vous allez le défendre, n'est-ce pas !... Je ne veux rien entendre, milady... Je suis outré, outré positivement.

— Mais, milord...

— Non ! je suis outré, madame.

— Mais enfin, mon frère...

— C'est une chose qui passe toute croyance,

milady, que vous veuilliez vous obstiner à défendre Frank Perceval...

— Mais je ne le défends pas, milord.

— Ah!... A la bonne heure!... Et que voulez-vous me parler de mariage, alors, milady?

Lady Campbell hésita un instant. Certes, elle n'avait pu espérer un si heureux début Son frère faisait la moitié du chemin, mais la transition était brûlante, et lady Campbell connaissait trop la bonté de son frère pour se fier à cette rancune du moment, quelle qu'en pût être d'ailleurs la cause.

— Milord, repondit-elle d'un air mystérieux, c'est un grand secret.

— Je n'aime pas beaucoup les secrets, milady.

— Vous aimerez celui-là... Je vous le donne en mille.

— Je n'en veux pas, madame... A tout prendre, ce pauvre Frank...

— Fi, milord ! vous dites le pour et le contre au même instant... J'aime Frank Perceval, je l'estime...

— Madame, vous ne savez pas ce que j'en sais, pardieu !

— C'est possible, répliqua lady Campbell en souriant, mais je sais ce que vous ne savez pas... Le marquis de Rio-Santo demande la main de votre fille, milord.

— C'est fort bien, milady... Je refuse la main de ma fille au marquis de Rio-Santo.

— Vous n'y pensez pas, mon frère...

— Si fait!

— Prenez au moins le temps...

— Ce serait en perdre, milady.

— Le temps de consulter votre fille, poursuivit lady Campbell.

— A quoi bon? demanda le vieillard dont les sourcils blancs se froncèrent.

—Les convenances l'exigent, mon frère,

reprit lady Campbell ; il pourrait, en vérité, se faire...

— Je ne vous comprends pas, madame.

— Enfin, milord, s'écria lady Campbell, que diriez-vous si ma nièce aimait le marquis de Rio-Santo ?

Lord James Trevor recula d'un pas. Les veines de son front se gonflèrent. Ce n'était plus son petit courroux de tout à l'heure contre Frank Perceval, c'était une belle et bonne colère anglaise, grosse d'apoplexie, de goddem et de coups de poing, — quand les circonstances sont favorables à ce dernier exercice.

— Votre nièce, madame ! répéta-t-il en bégayant ; — ma fille !... miss Mary Trevor... c'est impossible.

— Cela est pourtant, milord.

— Cela est, de par Dieu !... Alors... j'appellerai ce Rio-Santo sur le terrain, madame ! Voilà ce que je ferai !

C'était une de ces bonnes et loyales natures, un de ces caractères « taillés dans le plein bloc » de la foi antique, qui brillent encore çà et là dans les rangs dégradés de notre aristocratie. Se dédire était pour lui la chose impossible, et comme il ne lisait pas fort assidument les romans transcendans de nos bas-bleus modernes, il n'attribuait point à l'amour le droit de fausser une parole donnée.

Une chose eût pu seulement le déterminer à oublier Frank, — c'aurait été l'oubli de Frank lui-même.

Mais il n'accusait plus Frank depuis que Frank était attaqué.

En un mot, il ne croyait pas un mot de cet amour subit de Mary pour un étranger. Les femmes spirituelles sont sujettes à passer pour folles ; lord Trevor gratifia généreusement sa sœur de cette épithète et détruisit plusieurs plates-bandes à coups de pieds en souvenir de l'entretien qu'il venait de subir.

Lady Campbell, cependant, était revenue vers Rio-Santo pour lui rendre compte du mauvais résultat de son ambassade.

Rio-Santo parut éprouver à cette nouvelle un fort grand découragement.

— Il ne me reste plus qu'à me retirer, madame, dit-il ; j'ai fait tout ce qu'un galant homme pouvait faire.

— Mais, marquis, s'écria lady Campbell, rien n'est désespéré... avec du temps...

— Attendre encore! dit le marquis avec amertume ; — je ne le puis, madame... J'avais offert à miss Trevor mon amour et ma main... Un amour sérieux et une main sans tache, milady!... Je suis repoussé...

— Mon frère reconnaîtra son erreur... et si ce n'est pour moi, milord, un peu de patience pour Mary, qui vous aime !

— Ah! si j'en étais sûr, soupira Rio-Santo.

— Que feriez-vous donc, milord?

— Ce que je ferais, madame! s'écria le marquis en s'animant soudain, — je passerais par dessus toute considération ; je foulerais aux pieds un vain scrupule... je vous dirais.. Mais j'y songe! je ne suis pas seul en cause. Avant tout, il faut que miss Trevor soit heureuse... Il faut que l'époux qu'on lui donnera soit digne d'elle...

Lady Campbell approcha son fauteuil.

— Pour elle, pour elle seulement, Dieu m'en est témoin, et non pas pour moi, je parlerai, reprit le marquis. — Ne pensez-vous pas, madame, qu'il serait affreux pour miss Trevor de partager avec une rivale le cœur de son époux ?

— Vous me le demandez, milord!...

— C'est que l'Honorable Frank Perceval a une maîtresse, madame, une belle maîtresse, — qu'il aime, — une femme qui n'est point de celles qu'on prend un matin, qu'on abandonne le soir et qu'on oublie le lendemain... La maîtresse de l'Honorable Frank Perceval est la plus belle créature que j'aie vue de ma vie, madame.

— Certes, marquis, balbutia lady Campbell avec embarras, — ceci est grave... Mais...

— Pardon si je vous devine... Quel homme

n'a eu des maîtresses en sa vie, n'est-ce pas?...
Moi-même...

Rio-Santo s'interrompit et fixa sur lady Campbell son regard grave et triste.

— Madame, reprit-il d'une voix basse, mais fermement accentuée, — j'ai eu des maîtresses avant d'aimer miss Trevor; depuis que je l'aime, je n'en ai plus... Et M. Perceval!... C'est après avoir aimé Mary, c'est au moment où il revient tout exprès pour réclamer une parole donnée...

— C'est vrai! interrompit lady Campbell, qui ne demandait pas mieux que d'être persuadée.

— Pour épouser Mary, madame ! c'est à ce moment même qu'il amène de France une autre femme aimée aussi...

— Il l'a amenée de France, marquis !

— Vous l'avez vu, madame. — Frank Perceval est arrivé avant-hier ; la princesse de Longueville s'est montrée à nous hier pour la première fois.

— C'est vrai ! dit encore lady Campbell ; — et c'est cette femme si jeune, si admirablement belle que vous m'avez fait voir hier ?...

— C'est elle, madame.

— Oh ! Frank ! Frank !... Je n'aurais jamais cru cela de lui... Mais il ne s'agit pas de se plaindre; il faut agir... Au nom de ma nièce, milord, je vous remercie... Oh! rien n'est perdu maintenant! Je vais aller... je vais dire... Attendez-moi, je vous supplie ; cette fois, nous n'aurons pas un refus.

Lord James Trevor se promenait encore dans les allées de son petit parc, lorsqu'un groom accourut à lui tout essouflé, disant que miss Mary, malade, désirait parler à son père.

Lord Trevor se hâta vers la maison.

Il trouva sa fille renversée sur un fauteuil, le visage couvert de ses mains. Elle sanglotait ; des larmes filtraient à travers ses doigts pâles et coulaient sur ses vêtemens. Lady Campbell, inquiète, repentante peut-être, s'empressait autour d'elle.

—Voyez, milord, voyez, dit-elle ; voici l'ouvrage de ce malheureux Frank... Ce qu'il a fait est indigne, mon frère... Il a une maîtresse...

— Je le sais, madame, répondit froidement lord James Trevor en froissant le dernier débris de la lettre anonyme reçue le matin.

— La pauvre enfant ne l'aime plus... reprit lady Campbell.

— Qui dit cela ? s'écria Mary en découvrant tout-à-coup son visage qui était d'une effrayante pâleur.

Elle ne pleurait plus. Ses yeux, rougis encore par les larmes récentes, étaient fixes et brûlans.

— Mon père, dit-elle d'une voix étrange parce qu'elle contrastait avec la douce et faible voix qu'on lui connaissait ; — je l'aime... j'ai été folle pendant bien des jours... je ne me savais plus moi-même... folle et bien malheureuse, mon père !...

— Pauvre enfant ! murmura lady Campbell de la meilleure foi du monde ; — elle a le délire.

Lord Trevor lui imposa silence d'un geste.

— Maintenant, on le calomnie ! reprit Mary ; — on dit qu'il en aime une autre... Ah ! c'est affreux, mon père, de calomnier un blessé, un mourant, peut-être !

— Un mourant! répéta lord Trevor; — que signifie cela, madame?

— Frank Perceval s'est battu, milord, répondit lady Campbell avec embarras.

— Je veux le voir, mon père, reprit encore Mary; — conduisez-moi vers lui... Nous saurons bien vite ce que valent ces accusations menteuses... Frank! mon noble Frank!... Ah! que j'ai souffert!...

Lord Trevor sonna.

— Faites atteler, dit-il, sur-le-champ!... Calmez-vous, Mary, poursuivit-il... j'ignorais tout cela... Je vais me rendre chez Perceval...

—Et moi, mon père?

— Vous?...

Lord Trevor jeta un regard sur sa sœur.

— Tout ceci me semble fort obscur, murmura-t-il entre ses dents... Eh bien! Mary, et vous aussi... préparez-vous.

Mary baisa avec effusion la main de son père.

Lady Campbell haussa les épaules, et sortit en murmurant le mot *shocking,* blâme suprême des personnes qui ne savent point employer de plus énergiques exclamations.

Elle s'en fut, découragée, raconter ce nouvel échec à Rio-Santo, mais le marquis ne parut point partager, cette fois, sa peine.

— J'attendrai le retour de lord Trevor, dit-il d'un air dégagé... je veux connaître définitivement jusqu'où va mon malheur.

On entendit en ce moment le bruit des roues de la voiture sur le pavé de la rue.

Rio-Santo consulta sa montre à la dérobée, et un triomphant sourire releva les coins de sa lèvre.

— La partie s'engage comme il faut, murmura-t-il ; — la gagnerai-je ?...

III

DRAME.

Lord James Trevor et sa fille firent une partie de la route en silence. Mary, dans un accès de passion vraie, avait rompu d'un seul effort le réseau de sophismes qui s'interposait comme un voile ténébreux, entre elle et son amour. Elle avait repris les rênes de sa conscience ; son esclavage moral avait brusquement pris fin. Elle était elle-même; elle pensait avec sa propre intelligence, elle sentait avec son propre cœur.

Aussi, n'y avait-il plus de doute en elle, plus d'incertitude. Une seule image régnait despotiquement au fond de sa pensée. Pas un souvenir pour Rio-Santo, cet homme si beau, si séduisant, si supérieur aux autres hommes, ce demi-dieu qu'on lui avait si long-temps désigné du doigt en disant: Admirez!... adorez!... Rien pour lui! tout à Frank, tout au pauvre blessé qui n'avait point d'avocat, qui n'avait que des ennemis!

Mary renaissait donc de sa faiblesse mortelle. Tous les généreux instincts de la femme surgissaient en elle à la fois. Elle était forte en ce moment, et courageuse, et capable de vaincre en bataille rangée cette tyrannie domestique qu'elle venait de secouer en quelque sorte par surprise.

Un doux et délicat incarnat teignait la pâleur de sa joue. Son œil brillait d'un téméraire éclat. Sa gracieuse taille, redressée, avait quelque chose d'intrépide dans sa pose. Tout son être enfin, si frêle dans son aristocratique beauté, semblait se raidir pour la guerre prochaine, et menacer de loin la main oppressive sous laquelle s'était courbée si long-temps sa débile volonté.

Mary se complaisait dans cette force inaccoutumée et remerciait Dieu.

Cela dura un quart d'heure. Au bout de ce temps, un nuage passa sur le front de Mary. Elle prit tout-à-coup la main de son père et le regarda en face avec prière.

— Milord, dit-elle, mes souvenirs sont bien confus, et les cruelles paroles de lady Campbell, ma tante, me reviennent seulement comme ces choses qu'on entendit dans le pénible travail d'un rêve... Mais vous... je crois me rappeler... lorsqu'on a accusé Frank d'avoir une maîtresse, n'avez-vous pas dit : Je le sais ?

Lord Trevor essaya de sourire.

— Oh! répondez-moi, milord, mon bon père! dit Mary d'une voix suppliante; — je ne me trompe point, n'est-ce pas?

— Enfantillages que tout cela! grommela brusquement lord Trevor.

— Non! oh! non, mon père... Je l'aime tant!... je l'aime tant que s'il m'avait oubliée pour une autre femme, je ne saurais point lui pardonner, milord.

Mary prononça ces mots d'une voix ferme, et son œil sec et brûlant interrogea de nouveau la physionomie de son père.

Celui-ci essaya encore de sourire, puis enfin il se donna au diable à demi-voix, lui d'abord et Frank ensuite, du meilleur de son cœur.

Mary lâcha sa main et appuya sa tête contre la paroi rembourrée de l'équipage. — En face des blessures qui venaient de ce côté, elle retrouvait toute son ancienne faiblesse.

L'équipage tourna l'angle de Regent's-Street.

La voiture aux armes de Dunois stationnait toujours devant Dudley-House, et la petite duchesse de Gêvre était toujours à la portière.

— Allons, ma belle ! allons ! s'écria-t-elle dès qu'elle aperçut l'équipage de Trevor ; — c'est le moment !

Elle ouvrit elle-même la portière et poussa

Susannah, qui ne prenait point la peine de cacher sa répugnance.

— Montez l'escalier, montez vite ! reprit impérieusement la petite Française ; — frappez !... Une fois dedans, on vous dira ce qu'il faut faire.

Susannah monta les degrés. — La duchesse de Gêvres fit un signe au cocher, qui tourna bride et lança ses chevaux au galop dans la direction de Tottenham-Court-Road.

L'équipage de lord Trevor s'arrêtait au même instant devant Dudley-House.

Mary n'avait pas perdu le plus mince détail de la scène que nous venons de raconter. Elle pressa fortement le bras de son père, qui, lui, n'avait rien vu, si ce n'est une voiture passant au galop de deux fort beaux chevaux.

— Milord, dit-elle d'une voix altérée, cette femme!...

— Quelle femme?

Mary étendit sa main vers Susannah, qui, à ce moment même, franchissait le seuil de Dudley-House.

— Diable!... murmura lord James, — cette femme, dites-vous, miss Mary?... Sur mon honneur, je ne la connais pas!

— Je la connais, moi! prononça sourdement miss Mary, dont la pâleur était revenue.

Tout son corps tremblait par fiévreuses secousses. Elle avait peine à respirer.

Lord Trevor n'était pas seulement à se repentir de l'avoir amenée. Depuis le commencement de la route, il se reprochait amèrement son imprudence, mais le mal était sans remède.

— Du courage, pardieu! dit-il enfin en cachant son émotion sous une brusquerie affectée.

Puis il ajouta *à parte* :

— Ah! coquin de Frank! coquin de Frank!

— J'ai du courage, répondit Mary avec effort; — mais qu'attendons-nous, milord?...

Nous sommes venus pour voir Frank Perceval, et voici sa maison.

Lord Trevor se consulta durant une minute.

— Ma fille, reprit-il au bout de ce temps d'un ton affectueux, mais ferme, et qui n'admettait point de réplique, — j'ai agi précipitamment. Vous ne devriez point être ici... Du moins ne pousserai-je pas l'imprudence jusqu'à exposer davantage une fille de Trevor... Vous resterez ici, miss Mary... Je verrai, moi, l'Honorable Frank Perceval.

— Je ne vous ai jamais désobéi, mon père, répliqua Mary, dont la détresse augmentait à chaque instant; — je me soumets à votre volonté... Mais, au nom de Dieu ! exaucez ma prière ; promettez-moi de me dire... je suis forte, allez ! mon père !... promettez-moi de me dire si cette femme !...

Elle s'arrêta et mit sa main sur son cœur qui défaillait.

— Si cette femme, poursuivit-elle, a le droit de se mettre entre moi et Frank Perceval.

— Je vous le promets, répondit lord Trevor après avoir hésité.

— Sur l'honneur de votre nom, mon père !

— Sur l'honneur de mon nom...

Il y avait environ une demi-heure que le malheureux aveugle, sir Edmund Mackensie, était au chevet de Frank Perceval. Stephen Mac-Nab, qui avait passé toute la nuit précédente et la majeure partie de la journée auprès de son ami, profita de la présence de l'excellent sir Edmund et de l'offre obligeante qu'il fit d'attendre le retour du jeune médecin, pour aller donner de ses nouvelles dans Cornhill.

Il n'avait pas vu sa mère depuis le soir précédent, non plus que Clary, dont la pensée avait abrégé sa longue veille de la nuit passée. Du moment que sir Edmund était là, point d'inquiétudes, car le bon aveugle était connu de Frank depuis long-temps, et de la mère de Frank, — comme de tout le monde, en somme. Qui ne connaissait, à Londres, qui n'aimait le bon sir Edmund Mackensie ?

Frank l'avait bien un peu rudoyé l'avant-veille au bal de Trevor-House, Mais Stephen ignorait le fait, et d'ailleurs le pauvre aveugle n'avait point de rancune.

Frank avait eu une nuit de fièvre. Il dormait maintenant.

Le vieux Jack vaquait à quelques soins dans la pièce du rez-de-chaussée.

Ce fut lui qui ouvrit la porte à Susannah.

— L'Honorable Frank Perceval ? dit-elle.

— C'est ici, milady, répondit Jack ; — mais on ne peut le voir.

— Il est malade, reprit Susannah, répétant à contre-cœur la leçon qu'on lui avait apprise ; — je le sais. C'est pour cela que je viens. Stephen Mac-Nab a pensé qu'il était imprudent de laisser son ami seul avec un homme privé de la vue.

— Ce bon M. Stephen ! murmura le vieux Jack ; — il pense à tout... Ah ! par le grand écusson de Perceval ! — que vous pourrez voir si vous entrez dans le cabinet de Son Honneur, madame, — voilà un véritable ami... Son Honneur dort ; mais excès de précaution ne nuit pas... S'il m'était permis de faire une supposition, je dirais à madame qu'elle est probablement l'une des cousines de M. Stephen... Une des misses Mac-Farlane... Un bon vieux nom de laird écossais, ma foi... Ah! je connais tout cela, moi!... Montez, madame, montez, et que Dieu vous bénisse comme tout ce qui porte intérêt à Perceval!

Susannah s'empressa de profiter de la permission.

— Comme tout cela grandit! murmura le vieux valet; — j'ai vu cela courir sur le gazon de Greenwich... c'était haut comme le genou... une jolie miss, ma parole!... Ce doit être la petite Anna, je pense... à moins que ce ne soit la petite... comment se nomme-t-elle?... Je me fais diablement vieux!... Ah! la petite

Clary... Je demanderai à M. Stephen si c'est la petite Clary ou la petite Anna.

En entrant dans la chambre du malade, Susannah se trouva face à face avec Tyrrel l'Aveugle. C'était la première fois qu'elle voyait son visage éclairé par la lumière du jour. Néanmoins, elle ne put le méconnaître un seul instant.

Tyrrel attacha sur elle ses grands yeux éteints et mornes.

— Qui est là? dit-il à voix basse.

— Celle que vous attendez, répondit Susannah.

Tyrrel s'avança vers elle et chercha sa main qu'il trouva.

— Ma fille, reprit-il en comprimant sa voix, mais en prononçant chaque mot avec emphase; — vous savez ce qu'on attend de vous... N'allez pas hésiter au moment d'agir, car vous seriez perdue!...

— Toujours des menaces! interrompit Susannah.

— On peut vous menacer, ma fille, maintenant que vous êtes heureuse, dit l'aveugle en souriant débonnairement. — Ah! je vous le répète : nous sommes loin de la Tamise... et l'Honorable Brian, nous est un précieux gage de votre obéissance... A propos :

nous reparlerons de l'Honorable Brian., ma fille. Vous avez été, aujourd'hui, bien près de vous trahir, et par conséquent bien près de le perdre.

— Quoi!... s'écria Susannah; — vous savez?...

— Je sais tout... Prenez garde!!... Mais vous serez prudente à l'avenir, sinon pour vous, du moins pour lui... Ecoutez!

On entendit le marteau de la porte extérieure.

Tyrrel entraîna Susannah vers le lit et la fit se pencher au chevet du malade.

— Un homme va entrer, dit-il, un vieillard.

Au moment où il mettra le pied sur le seuil, vous ferez ce qui vous a été ordonné... Point de questions ! ajouta-t-il impérieusement ; — vous avez signé un pacte, il faut l'accomplir.

Lord Trevor montait l'escalier en répondant de loin au vieux Jack.

— Blessé grièvement, pauvre garçon ! dit-il ; — après tout, je me trompe peut-être... Ce n'est pas le moment pour lui d'être en bonne fortune.

Il mit le pied sur le seuil et aperçut Susannah qui lui tournait le flanc. Il s'arrêta.

— Allons ! murmura Tyrrel.

Susannah pâlit et ne bougea pas.

— Allons, au nom du diable, femme!... répéta Tyrrel d'une voix sèche, sourde, pénétrante, qui ne ressemblait en rien à la voix qu'il se donnait d'ordinaire, — c'est sur Lancester que l'on se vengera!

Susannah le regarda et tressaillit. — Une larme de rage et de douleur jaillit, brûlante, de sa paupière. Mais elle se pencha et mit un baiser sur le front de Frank Perceval.

Lord Trevor laissa échapper une douloureuse exclamation.

— Qui est là? demanda l'aveugle.

Au lieu de répondre, lord Trevor descendit brusquement les marches de l'escalier.

— Vous pouvez vous retirer, murmura Tyrrel à l'oreille de Susannah. Merci !

Lord James Trevor, en passant près du vieux Jack, lui jeta quelques dures paroles et remonta dans son équipage, qui partit aussitôt.

Susannah, honteuse, navrée et sentant vaguement qu'elle venait de jouer entre des mains perfides le rôle d'un instrument funeste, s'esquiva sans répondre au vieux Jack qui lui demandait si, décidément, elle était miss Anna ou miss Clary Mac-Farlane.

Frank, cependant, s'était réveillé en sursaut au moment où la bouche de Susannah touchait son front. — Il avait vu, comme en un rêve, la sévère figure de lord Trevor sur le seuil et le ravissant visage de la belle fille qui se penchait à son chevet.

Il avait refermé les yeux en poussant une vague plainte.

Au bout de quelques secondes, il rouvrit les yeux et ne vit plus que le bon sir Edmund Mackensie, tranquillement assis à son chevet.

— Je viens d'avoir une vision étrange, murmura-t-il; — j'ai vu lord Trevor... et aussi une femme... J'ai fait plus que la voir... je sens encore à mon front le contact de sa bouche glacée... Ce n'était pas Mary!

—Mon cher Frank, dit le pauvre sir Edmund en soupirant bien fort; — je ne puis vous dire si vous avez rêvé oui ou non... J'ai entendu marcher dans la chambre, mais, vous savez, mes yeux...

— Sonnez Jack, monsieur! interrompit Frank ; — vous avez entendu marcher, dites-vous?...

Jack parut aussitôt que la sonnette eut retenti.

— Qui est venu? demanda Frank avec agitation.

— Ne le savez-vous pas, Votre Honneur?... Je me disais bien qu'il fallait que vous n'eussiez pas reconnu lord Trevor pour l'avoir ainsi mécontenté.

— Lord Trevor! répéta Frank.

— Il vient de sortir, Votre Honneur, en jurant par Dieu et le diable qu'il ne vous reverra jamais.

— Ah! dit Frank qui se leva sur son séant.

— Il n'y a pas jusqu'à la petite miss que vous aurez mécontentée aussi... Une jolie demoiselle, pourtant!... Elle vient de s'enfuir comme une...

— Mais quelle jeune fille?... quelle demoiselle?... de quoi me parles-tu? s'écria Frank dont la tête se perdait.

— La cousine de M. Stephen, pardieu, miss Anna — ou miss Clary — Mac-Farlane.

— Ah!... dit encore Frank avec soulagement, cette fois.

— Tenez! voilà justement M. Stephen qui va nous dire...

Stephen entrait en effet : il venait de quitter ses deux cousines. — Ce ne pouvait être ni Clary ni Anna.

— Mon Dieu! mon Dieu! murmura Frank. — J'ai donc bien vu!... lord Trevor... le père de Mary!... était là... Une femme se penchait sur mon front... il l'a vue... et il a dit...

Frank n'acheva pas. Il retomba lourdement à la renverse et perdit connaissance.

— Mais quelle est donc cette femme... ou

ce démon? murmura le vieux Jack qui commençait à comprendre; — sir Edmund... il est aveugle, pardieu! il n'a rien vu!

Stephen, lui aussi, comprenait. Tout en donnant, avec son sang-froid habituel, tous les soins nécessaires à Frank, il réfléchissait. Mais sa tête se perdait dans un dédale d'hypothèses romanesques, seules admissibles en cette circonstance extraordinaire, et auxquelles son esprit positif ne pouvait que difficilement s'arrêter.

Quelle était cette femme? Qui l'avait apostée?... Etait-ce le second acte de la tragédie dont le docteur Moore et son aide Rowley avaient joué les premières scènes?...

Vingt fois Stephen, oubliant la cécité du pauvre sir Edmund Makensie, se tourna vivement vers lui pour interroger, pour savoir ; — mais le regard morne du malheureux aveugle arrêtait les paroles sur ses lèvres.

— Sir Edmund, dit-il enfin, Frank va reprendre ses sens et j'ai besoin d'avoir avec lui un entretien secret... veuillez excuser...

— Je me retire, monsieur Mac-Nab, répondit l'aveugle. — J'étais venu pour rendre un service, ajouta-t-il avec une tristesse si vraie que Stephen se sentit ému ; — mais, aujourd'hui comme bien souvent, monsieur, ma présence a été plus nuisible qu'utile... Que Dieu vous préserve du fléau dont je suis accablé, monsieur Mac-Nab.

Stephen lui serra silencieusement la main. Sir Edmund sortit, accompagné par le vieux Jack qui guida jusqu'au seuil de la rue ses pas chancelans et fit appeler une voiture de place.

Lorsque Frank reprit ses sens, il se trouva entre Stephen et lady Ophelia, comtesse de Derby, qui semblait vouloir se retirer, mais que Stephen retenait de son mieux. Frank ne se rappela pas tout d'abord ce qui s'était passé.

— Mon ami, lui dit Stephen en interrogeant son pouls, vous êtes bien faible encore pour supporter les émotions qu'on vous prépare et que, comme médecin, je devrais écarter. Mais vous êtes menacé dans le bonheur de votre vie ; l'ami doit remplacer ici l'homme de l'art... Ecoutez-moi. Vous venez d'être frappé cruellement...

— Je me souviens, dit Frank d'une voix plaintive ; — oh ! n'est-ce donc pas un rêve?...

— Non, répliqua Stephen avec fermeté. — Ce que vous avez vu est réel. Il y a maintenant une barrière entre vous et miss Mary Trevor...

—Son père... ma dernière espérance ! murmura Perceval.

— Courage ami !... Si je vous parle ainsi dans l'état où vous êtes, ne devinez-vous pas que j'ai un remède à votre mal?... Rassemblez vos forces... voici une autre espérance à la place de celle qui vient de vous être enlevée... Madame la comtesse de Derby est ici, fidèle au rendez-vous... elle va parler...

— Non, monsieur, non, s'écria lady Ophelia qui se sentit faible en face du moment suprême ; — non... Ce secret n'est pas le mien... Je vous en supplie... permettez que je me retire...

Stephen lui adressa un regard de reproche.

— Non, monsieur ! répéta la comtesse ; — c'est impossible !

— Êtes-vous donc venue, madame, dit

amèrement le jeune médecin, — seulement pour contempler son agonie ?

— La comtesse, qui s'était retirée derrière le lit de Frank, revint se mettre à son chevet. — Le reproche avait produit son effet.

— Je veux parler à l'Honorable Frank Perceval et non pas à vous, monsieur, dit-elle à Stephen après un silence et avec hauteur ; — je vous prie de vous éloigner...

Stephen approcha des lèvres de Frank une cuillère pleine de cordial, salua la comtesse d'un air de respectueuse gratitude, et quitta la chambre aussitôt.

La comtesse de Derby hésita long-temps

à prendre la parole après que Stephen fut parti. Lorsqu'elle ouvrit la bouche enfin, ce fut pour raconter, en phrases entrecoupées et d'une voix intelligible à peine, une histoire où le nom de Rio-Santo fut bien souvent prononcé.

Frank écoutait, la bouche béante, l'œil grand ouvert. Il revivait à force d'attention, et l'intérêt puissant du récit lui rendait de la force.

— Et c'est cet homme qui épouserait Mary ! s'écria-t-il lorsque la comtesse se tut.

Celle-ci lui prit la main. Elle avait les yeux pleins de larmes :

— C'est un homme que ni vous ni moi ne pouvons juger, milord, dit-elle à voix basse... Ce que vous venez d'entendre vous rend fort contre lui... N'en abusez pas... Souvenez-vous que j'ai votre serment... et que je l'aime !

La comtesse prononça ces derniers mots avec effort; une épaisse rougeur couvrait son front, et Frank sentait trembler convulsivement sa main.

Avant qu'il eût pu répondre, elle se leva et sortit précipitamment.

—Stephen ! Stephen ! cria Frank que la fièvre en ce moment soutenait et rendait valide; — de l'encre, du papier !... Appelez Jack, Stephen... Oh! tout n'est pas perdu!... Elle est bien malheureuse, Stephen, cette pauvre femme! Voyons! ce qu'il faut pour écrire. Je vais jouer ma dernière chance, et quelque chose me dit que cet homme ne me vaincra pas aujourd'hui comme hier!...

Jack montra sa tête chenue à la porte et mit bientôt après sur le lit de son maître encre, plumes et papier.

— Ecrirai-je sous votre dictée, Frank? demanda Stephen.

— Non, non, ami! répondit celui-ci avec chaleur; — je vous dis que c'est ma dernière chance, mon dernier espoir...

— Son dernier espoir ! répéta le vieux Jack dont l'honnête visage exprimait une douloureuse curiosité.

— Je veux tenter le sort par moi-même ! poursuivit Frank en s'échauffant de plus en plus. — Si j'échoue... ah ! si j'échoue, Stephen, je suis bien près de la mort... Je n'aurai qu'à me laisser choir pour n'avoir plus la fatigue de me relever.

Stephen ne répondit point.

Le vieux Jack secoua sa tête grise et leva au ciel ses regards humides.

Frank, cependant, faisait courir sa plume sur le papier avec une fiévreuse rapidité. Quand il eut achevé, il tendit sa lettre à Jack.

— Pour lord Trevor, dit-il ; ne reviens ici que lorsque tu la lui auras remise toi-même... entends-tu ?

— J'entends, Votre Honneur.

— Fallût-il pénétrer au milieu de son salon, forcer la porte !...

— Je ne reviendrai que quand lord Trevor aura la lettre de Votre Honneur, interrompit le vieux Jack avec simplicité. — Votre Honneur a ordonné, c'est tout ce qu'il faut.

Lord James Trevor était remonté, furieux, dans son équipage.

Il avait d'abord obstinément refusé de répondre aux questions de sa fille ; mais Mary l'avait enfin sommé de tenir sa parole de gentilhomme, et le vieillard avait parlé.

— Je l'ai vu! dit-il avec emportement ; — vu de mes yeux, en vérité!... Frank vous a oubliée, ma fille !

Mary s'attendait à ce coup depuis quelques minutes, et pourtant ce coup la brisa. Elle s'affaissa contre la paroi de la voiture, et ne prononça plus une parole.

Son père essaya de la tirer de cette morne insensibilité qui lui faisait peur. Mais tout fut inutile. Mary demeurait immobile et raide, ne pleurant point, paraissant à peine souffrir.

De temps à autre seulement, sa gorge se

soulevait, et un soupir rapide se dégageait de l'oppression qui pesait sur sa poitrine.

Elle prit le bras de son père en descendant de voiture et entra avec lui au salon. — Dans le salon étaient lady Campbell et le marquis de Rio-Santo.

Ce dernier salua Mary d'un air de résignation digne et douloureuse ; il s'inclina froidement devant lord Trevor.

Lady Campbell interrogea de l'œil le front soucieux de son frère, puis le visage pétrifié de Mary. Elle devina.

— Milord, dit lord James à Rio-Santo d'un ton brusque et chagrin, — j'ai refusé ce matin de vous donner ma fille parce que je l'avais promise à un autre. Cet autre, que j'aurais mieux aimé pour gendre que vous, milord, m'a rendu ma promesse... de sorte que...

Lord James Trevor hésita.

—Que vous disais-je? cher marquis, s'écria lady Campbell ; milord mon frère est un vieux soldat dont les complimens ont parfois une forme un peu étrange, mais, en définitive, vous voyez bien qu'il vous accorde...

— Permettez, madame ! je ne me prononce pas... miss Trevor est libre... Qu'elle choisisse un époux, et que Dieu la fasse heureuse !

Mary en entrant était allée s'asseoir à côté de sa tante.

— Eh bien ! ma chère enfant? dit celle-ci.

Mary la regarda sans comprendre d'abord, puis, tout-à-coup, elle eut par tout le corps un douloureux tressaillement et fondit en larmes.

— Toutes les jeunes filles sont ainsi faites, murmura lady Campbell en souriant. — On dirait que l'approche du bonheur les rend folles.

— Que je l'aimais ! dit miss Trevor parmi ses larmes. Ah! madame, madame, ajouta-t-elle en mettant son front brûlant sur la main de sa tante, — persuadez-moi, dites-moi encore que je ne l'aime plus!

Lady Campbell était visiblement embarrassée. Rio-Santo avait le cœur serré.

— Mary, dit-il à voix basse en se penchant jusqu'à son oreille, — il est donc vrai!... vous ne m'aimiez pas?

Miss Trevor leva sur lui ses yeux chargés de larmes et lui tendit la main, que Rio-Santo porta passionnément à ses lèvres.

— Il n'y a plus de passé pour moi, dit-elle avec une sorte de violence; — je veux vous aimer, milord... n'aimer que vous... Je le veux!

— Enfin ! soupira lady Campbell qui ne crut pouvoir moins faire que de déposer un baiser sur le front de sa nièce.

Lord Trevor tendit sa main au marquis, en disant :

— Ma fille a parlé, milord : vous avez ma parole.

Mary avait épuisé bien vite l'énergie passagère de ce moment de fièvre. Sa pâleur était revenue ; sa débile organisation, cédant enfin à tant de chocs divers, défaillait. Elle n'était pas tout à fait évanouie, mais ses yeux demi-clos et ses oreilles, autour desquelles passait un sourd tintement, n'envoyaient plus à son cerveau que de vagues et incertaines sensations.

On entendit en ce moment un tumulte dans la pièce voisine, c'était comme le bruit d'une dispute, et il semblait que les valets de lord Trevor voulussent défendre la porte à un intrus qui prétendait passer de vive force.

— Donnez votre lettre, disait un groom ; je la remettrai à milord.

— Je la remettrai moi-même, par Saint-Dunstan ! répondait une voix essoufflée.

— Enfin la porte s'ouvrit tout-à-coup, et le vieux Jack, baigné de sueur et les habits en désordre, se précipita dans l'appartement, suivi de deux grooms emportés par leur élan.

Lord Trevor le reconnut tout de suite et détourna la tête.

— Une lettre pour Votre Seigneurie, dit le vieux Jack, — de la part de Son Honneur.

Lord Trevor repoussa la lettre.

— Prenez-la, milord, prenez-la! s'écria Jack ; — prenez-la, au nom de Dieu!... mon maître se meurt!...

— Retirez-vous, dit sévèrement Trevor ; — je ne connais plus Frank Perceval.

Rio-Santo avait pâli légèrement à la vue du vieux valet ; à ce mot, il retrouva toute sa sérénité.

—Par pitié, milord!... voulut dire encore le fidèle Jack.

Lord Trevor prit la lettre et la déchira sans la lire.

Jack recula, comme si on l'eût frappé lui-même au visage. Ses yeux brillèrent; sa taille courbée se redressa.

Puis il baissa tristement le front, et jeta au vieux lord un regard de plaintif reproche.

— C'était sa dernière espérance!... murmura-t-il lentement et avec une indescriptible douleur; — mon pauvre Frank n'a donc plus qu'à mourir!...

XXXI

LE PIÉGE.

Durant la majeure partie de la journée, on avait vu rôder dans Finch-Lane et sur les trottoirs de Cornhill un homme vêtu d'un costume écossais complet : tartan, toque à plume, jambes nues et brodequins.

Mistress Crubb, qui l'avait aperçu la première, prit à peine le temps d'achever sa neuvième tasse de thé, tant elle était pressée d'apprendre à mistress Foote une chose aussi extraordinaire. Mistress Foote déclara les jambes de l'Ecossais *choquantes*, mais mistresses Bloomberry, Brown, Bull et Dodd soutinrent, non sans quelque apparence de raison, que cette partie du vêtement masculin, qui n'a point de nom dans la langue de nos dames (1), est mille fois plus *shocking* que la nudité elle-même. Mistress Black et mistress Crosscairn affirmèrent qu'il y avait du pour et du contre.

---

(1) Les culottes ou *inexpressibles*. — Nous reparlerons des grotesques scrupules de la pudeur anglaise.

L'Ecossais, cependant, ne s'écartait guère du coin de la maison carrée. Ce pouvait être un oisif, un pauvre diable d'étranger perdu dans l'immensité de Londres. Son visage se cachait presque sous les touffes de ses cheveux longs et mêlés. On ne voyait que ses yeux, petits et brillans, que recouvraient en partie les poils fauves d'une formidable paire de sourcils. Ces yeux semblaient avoir bonne envie de jouer l'indifférence; mais ils ne pouvaient perdre la singulière mobilité qui leur était propre, non plus qu'une expression d'investigation continuelle et cauteleuse, qui est commune aux espions et aux voleurs.

Quand il pensait que personne ne faisait attention à lui, cet Ecossais tournait tout-à-coup ses regards vers la maison de la mère de Stephen. Il semblait alors inquiet et chagrin, cela d'autant plus que sa faction durait plus long-temps. Il s'agitait, frappait du pied et imprimait à ses épaules ce mouvement ignoble que les mendians de tous les pays apprennent en revêtant la livrée de la misère, et qu'on n'a point accoutumé de voir sous le fier costume des montagnards d'Ecosse.

Vers trois heures de l'après-midi, Stephen Mac-Nab, profitant, comme nous l'avons dit, de la présence du malheureux sir Edmund Mackensie au chevet de Frank Perceval, vint rendre visite à sa mère.

En le voyant venir, l'Ecossais s'enfonça dans Finch-Lane.

— Bon! grommela-t-il avec mauvaise humeur; — voici le blanc-bec à présent!... Il ne manquait plus que cela!... J'ai un diable de guignon aujourd'hui... Voilà la soirée qui s'approche et j'aurai durement de la peine à gagner mon pauvre pain...

Quand Stephen fut entré, l'Ecossais revint à son poste.

Une heure environ se passa. — Au bout de ce temps, la porte de la maison Mac-Nab s'ouvrit. Stephen sortit, tenant au bras sa mère qu'il conduisait chez le révérend John Butler, en retournant auprès de Perceval.

Les yeux de l'Ecossais se prirent à rire. Il

secoua sa crinière et se frotta silencieusement les mains.

Il attendit que Stephen et sa mère eussent disparu dans la foule qui couvre incessamment les trottoirs de Cornhill. Quand il ne les vit plus, il traversa la rue et fit jouer à tour de bras le marteau de la maison de Mac-Nab.

— Que voulez-vous? lui demanda la servante qui vint ouvrir.

Bob, nos lecteurs l'ont reconnu sans doute, souleva sa toque à demi, et s'écria en exagérant l'accent nasillard et confus des villageois de la frontière d'Ecosse...

— C'est Son Honneur qui m'envoie pour dire un mot de quelque chose aux petites demoiselles...

— Qui appelez-vous Son Honneur ?

— Son Honneur, Dieu me punisse ! reprit Bob en criant plus fort et en nasillant davantage ; — Son Honneur... le laird, pardieu !... Mais, oui, le laird Angus Mac-Farlane, du château de Crewe, ma foi !

Il arriva ce que Bob espérait. Les deux jeunes filles, attirées par les éclats de sa voix, s'étaient penchées sur la rampe de l'escali er

— Mon père ! s'écria Clary ; c'est un envoyé

de mon père!... Bess, faites monter ce brave homme!

— Oh! Dieu, mon Dieu! dit Bob avec un joyeux éclat de voix lorsqu'on l'introduisit auprès des deux jeunes filles; — oh! comme elles ont grandi!... Effie, ma pauvre femme, ne les reconnaîtrait pas, quoiqu'elle soit, autant dire, leur nourrice à toutes deux!...

— Effie! répondit Anna, la bonne Effie, notre mère! Vous seriez le fermier Duncan de Leed, mon ami?...

— Le mari de notre excellente Effie? ajouta Clary en lui prenant la main...

— Eh! oui donc! mes belles petites, répliqua Bob avec bonhomie : Effie... la grosse Effie qui vous chantait la ronde des pêcheurs de saumon, ma foi!... Vous souvenez-vous de la ronde des pêcheurs de saumon?

— Si nous nous en souvenons! dit Anna les larmes aux yeux ; — nous n'avons rien oublié, ni la ronde, ni Effie, ni rien de tout ce que nous avons aimé en notre cher pays d'Écosse!

— Mais comme vous avez changé depuis ce temps-là, Duncan! reprit Clary avec étonnement.

Bob s'essuya les yeux qu'il avait, bien entendu, parfaitement secs.

— Comme ça me fait plaisir de vous voir!

soupira-t-il au lieu de répondre. — Ah ! j'en raconterai de belles à ma pauvre vieille Effie !

— Et votre fille Elspeth, Duncan ? demanda Anna.

— Elspeth ! répéta Bob avec un geste admirable de douleur paternelle ; — pauvre fille !... voilà six mois bientôt que nous la pleurons !... Mais je ne suis pas venu ici, ma foi, pour vous parler de mes affaires, non... Son Honneur vous attend...

— Mon père ! interrompit Clary ! serait-il à Londres ?...

Anna essuya une larme qu'avait fait couler le souvenir d'Elspeth, la compagne de son enfance, et se prit à sourire.

— Mon père! dit-elle aussi ; — nous allons donc le voir!

— Tout aussitôt que vous voudrez mes belles petites demoiselles, dit Bob. — Ah! dame! Son Honneur va être bien content... Combien voilà-t-il qu'il ne vous a vues?...

— Un an, répondit Anna.

— Un an! ma foi! c'est juste... Un an! Je devrais le savoir, puisque je lui avais fait la conduite jusqu'à la frontière... Voyons!... personne ne nous entend-il ici?

Bob se tourna de tous côtés en affectant un grand air de mystère.

— Pourquoi ces précautions ? demanda Clary.

— Ah! pourquoi?... ma belle enfant; avec le laird, vous savez, — que Dieu bénisse Son Honneur! — il ne faut point être curieuse... Je regarde autour de moi, parce que Son Honneur m'a dit : — Prends garde!...

Bob s'arrêta et poursuivit d'un air innocent.

— Je prends garde... Voilà !

— Mais notre père!... où est notre père? demandèrent ensemble les deux jeunes filles.

— Voilà! répéta Bob en minaudant d'une façon burlesque; — on a grande envie de voir le papa... de le caresser... de l'embrasser... Eh bien! moi, je comprends ça, voyez-vous, mes belles petites demoiselles... Le laird est durement sévère... mais c'est un brave homme tout de même...

— Quand le verrons-nous? interrompit Clary.

— Voilà! répéta pour la troisième fois Bob qui baissa la voix tout-à-coup.

Il prit les mains des deux jeunes filles et les attira vers lui comme on fait quand on va dire un grand secret.

— Le laird est ici, murmura-t-il, — pour affaires... Il se cache... Vous dire pourquoi, c'est impossible.., Il vous attend... Le plus profond secret surtout, car il s'agit pour lui de la liberté... de la vie peut-être !

Les deux sœurs poussèrent un cri d'effroi.

— Silence ! reprit Bob ; le bruit attire les écouteurs... Je vous disais donc que le laird vous attend à l'hôtel du *Roi George*, auprès de Temple-Garden's... Tenez-vous prêtes, mes belles petites. Dans un quart d'heure, je vais vous envoyer un fiacre... Surtout de la prudence !

— De sa vie ! dites-vous, s'écria Clary, qui retrouva enfin la parole ; vous dites qu'il s'agit de sa vie, mon Dieu !

— Eh ! eh ! dit Bob ; — je vais peut-être

bien loin ; mais ses affaires sont tellement embrouillées, le pauvre cher homme !... En tous cas, mes belles petites, vous allez le voir, et, s'il le juge convenable, vous en saurez plus long que moi, qui ne sais pas grand chose... Adieu, miss Clary, adieu, miss Anna !... Ah ! que ma grosse Effie serait aise de voir ces deux enfans-là.

Il se dirigea vers la porte.

— Dans dix minutes, vous aurez un fiacre, reprit-il; n'allez pas causer, mes enfans!... Ce n'est pas ici une bagatelle, voyez-vous... Pas un mot à âme qui vive !

Bob ouvrit la porte, et mit un doigt sur sa bouche d'un air solennel; puis, changeant tout-à-coup de visage, il fit un signe de tête amical aux deux sœurs et disparut.

Lorsqu'il fut parti, Anna et Clary se regardèrent.

— Comme il a changé! dit Clary au bout de quelques minutes; — je ne l'aurais pas reconnu!

— Il y a si long-temps! dit Anna.

— Autrefois, reprit l'aînée des deux jeunes filles, — il était moins gros et plus grand.

— Il paraît moins grand parce qu'il est plus gros, répartit la confiante Anna; — quel bonheur de revoir notre père!

— Oui, dit Clary; — autrefois, il n'avait pas ces étranges regards...

— Pauvre Elspeth ! interrompit Anna, mourir si jeune !

— Oui... pauvre Elspeth ! prononça machinalement Clary... Mais cet homme est-il bien Duncan de Leed ? ajouta-t-elle tout-à-coup.

Anna éclata de rire.

— Dépêchons-nous, ma sœur, dit-elle; le fiacre va venir, et nous éviterons les questions de ma tante, à qui nous ne saurions pas mentir.

Clary ne bougea pas. — Anna vint sa mettre à ses côtés et appuya sa charmante tête sur l'épaule de sa sœur, qui demeurait immobile.

— Clary, dit-elle doucement, notre père nous attend... et vous savez, ma sœur... hier, vous m'avez dit que vous parleriez à notre père...

Le sourire d'Anna fut contagieux. Clary elle-même cessa de réfléchir et d'être sérieuse. Elle se tourna vers sa jeune sœur, dont elle baisa le front blanc et pur.

— Je suis folle! murmura-t-elle avec un petit soupir; — je vois des dangers partout... J'avais peur, Anna... Me voici plus raisonnable... Ce brave Duncan de Leed serait bien étonné s'il savait que je l'ai soupçonné un instant d'être...

— D'être quoi, ma sœur? demanda Anna voyant que Clary hésitait.

— Une folie! s'écria gaîment celle-ci. Allons! nous parlerons de Stephen à notre père, n'est-ce pas?... Tu seras heureuse, Anna, bien heureuse!... car Stephen t'aimera... Il t'aime... Qui donc pourrait te voir sans t'aimer? ajouta-t-elle en attirant la tête de l'enfant sur son sein; — toi, si bonne et si jolie, ma sœur!... C'est pour toi, pour toi seule, que je prie Dieu, maintenant que je n'espère plus...

Clary n'acheva pas. — Anna était devenue sérieuse à son tour et attachait sur sa sœur un regard triste et curieux à la fois.

— Tu n'espères plus! dit-elle; — que me caches-tu donc, Clary?... Ne t'ai-je pas toujours ouvert mon cœur tout entier, moi?...

— Petite folle! répondit Clary en essayant de sourire ; il n'y a que ceux qui aiment pour avoir des secrets... et moi, je n'aime personne... Oh! non!

Leur toilette était finie. Clary mit sous son bras de beaux gants de chasse qu'elle avait brodés pour son père ; Anna prit une poche à tabac en perles qu'elle avait faite à la même intention.

Puis, toutes deux partirent en un moment où la servante, occupée, ne prenait pas garde.

Un quart d'heure après, le fiacre les déposait dans Temple-Lane, devant l'auberge de master Gruff, avec lequel nous avons fait connaissance dès le premier chapitre de cette histoire, lors de l'excursion nautique du bon capitaine Paddy O'Chrane.

Maître Gruff et sa femme, mistress Gruff, étaient évidemment faits l'un pour l'autre, à supposer que la transcendante théorie des contrastes soit réellement la loi qui régit ce bas monde.

Maître Gruff était un gros petit homme rouge, bourru, renfrogné, porteur d'une paire de favoris jaunes effrayante à voir, et affligé d'un ventre exorbitant. Mistress Gruff était une grande femme sèche, maigre, noire, dont la physionomie souriante reculait les bornes connues de la prévenance et de l'aménité.

Elle ne rembarrait jamais que M. Gruff, son seigneur et maître, lequel, par un juste retour, ne s'adoucissait que pour elle et montrait les dents au reste de l'univers.

Leur hôtellerie était médiocrement achalandée; pourtant, au dire du voisinage, ils faisaient d'assez ronds bénéfices, et maître Gruff passait pour avoir un nombre convenable de milliers de livres inscrit sur les registres de la dette d'Angleterre.

Cela venait peut-être de la situation de son auberge qui, bâtie en partie sur pilotis, donnait d'un côté sur la Tamise, et de certaine trappe par laquelle nous avons vu descendre les mystérieux ballots qui formèrent la cargaison du capitaine Paddy, ce soir de dimanche où il prit un bain forcé dans la rivière...

Quoi qu'il en soit, master et mistress Gruff accueillirent les deux filles en gens parfaitement préparés à leur arrivée, ce qui ne contribua pas peu à rassurer Clary, dont les doutes étaient revenus en chemin.

— Les filles du laird sans doute? dit brusquement le tavernier; — entrez, entrez, mesdemoiselles; on va vous montrer la chambre de votre père.

— Et c'est un heureux père vraiment,

ajouta mistress Gruff avec gracieuseté, que celui qui possède de si charmantes filles... Entrez, mes belles demoiselles; je vais vous conduire moi-même à l'appartement du laird.

Les deux sœurs suivirent mistress Gruff sans défiance. Celle-ci les introduisit dans une assez vaste pièce du premier étage, dont les fenêtres enfumées donnaient sur la Tamise. Au milieu de cette pièce, il y avait une table dressée, avec trois couverts.

— Son Honneur votre père, mes belles demoiselles, dit mistress Gruff avec un sourire tout aimable, devrait être rentré déjà... Mais il a tant d'affaires quand il vient à Londres!... Ne vous impatientez pas : je voudrais gager qu'il sera ici dans dix minutes.

— Nous l'attendrons, dit Clary.

Anna, sans savoir pourquoi, regardait avec un effroi d'enfant ces hautes murailles humides et ces fenêtres dont les carreaux étaient rendus opaques par la poussière du dedans et l'épais brouillard du dehors.

Mistress Gruff se retira en saluant.

Dans la salle du rez-de-chaussée, elle trouva son mari causant avec Bob-Lantern.

Celui-ci avait quitté son costume écossais.

— Ma bonne dame, dit-il, je vous confie ces deux petits anges... il faut en avoir bien soin.

— On a soin de tout le monde ici, gronda

maître Gruff avec une grossière intention de sarcasme.

— Mon ami, dit doucement mistress Gruff; — taisez-vous!... Quant à ce qui est de ces deux chères colombes, monsieur Bob, fiez-vous à nous... Avez-vous votre eau ?

Bob prit dans une de ses poches le petit flacon que lui avait donné Bishop le burkeur, la veille, à *The Pipe and Pot*, et le tendit à la maîtresse de l'auberge.

— Trois gouttes, ma bonne dame, murmura-t-il en souriant ; ni plus ni moins, vous savez?

— Je sais, monsieur Bob.

— A trois heures, je serai sous la trappe avec un bateau, reprit Lantern ; — n'allez pas les blesser en me les expédiant, maître Gruff... Ma marchandise, comme l'appelle ce coquin de Paterson, doit être livrée en bon état et sans avaries.

FIN DU TROISIÈME VOLUME ET DE LA PREMIÈRE PARTIE.

TABLE.

SUITE DE LA PREMIÈRE PARTIE.

XXI. — La Loge noire.	3
XXII. — Le Ballet.	33
XXIII. — La Nuit de deux jeunes filles.	63
XXIV. — Le Tap.	93
XXV. — Boue et Sang.	123
XXVI. — Une étrange aventure	167
XXVII. — Le Purgatoire	193
XXVIII. — Aux écoutes.	223
XXIX. — Comédie.	253
XXX. — Drame.	287
XXXI. — Le Piége.	333

En vente chez les mêmes Éditeurs.

LE DOCTEUR ROUGE

PAR JEAN LAFITTE,

Auteur des Mémoires de Fleury.

3 vol. in-8°. — Prix : 22 fr. 50 c.

LA JEUNESSE
D'ÉRIC MENWED

Roman historique, traduit du danois d'INGEMANN,

PAR W. DUCKETT.

4 vol. in-8°. — Prix : 30 fr.

Imprimerie de BOULÉ et Cⁱᵉ, rue Coq-Héron, 3.

www.ingramcontent.com/pod-product-compliance
Lightning Source LLC
Chambersburg PA
CBHW050252170426
43202CB00011B/1654